JN439750

어머니와 함께 한 그 마지막 100일 간의 대화

차마 눈부신 당신,

어머니

김성찬 간병일기

'아니오'(NO)를 '예'(YES)하여, 그 에덴(Eden)을 이 땅에 회복하는 그날까지!

어머니와 함께 한 그 마지막 100일 간의 대화

차마 눈부신 당신, 어머니

2001년 8월 1일 초판 1쇄 발행
2001년 9월 1일 초판 2쇄 발행
2013년 12월 30일 2판 1쇄 발행

지은이 김성찬
일러스트 김나리
펴낸이 윤보경
펴낸곳 NOYES21.COM
서울시 노원구 공릉로59길 25, 707동 1204호
등록 2001년 6월 25일 제16-2445호
tel. 02) 6314-8156
e-mail. noyes21.com@gmail.com

제 작 *design* 두루
서울시 중구 인현동 1가 31-2 신도빌딩 203호
tel. 02) 2275-4287 fax. 02) 2272-1753

ISBN 978-89-952307-1-8

- 저자와 출판사의 허락 없이 내용의 일부를 인용하거나 발췌하는 것을 금합니다.
- 저자와의 협의에 따라서 인지는 붙이지 않습니다.
- 가격은 뒤표지에 있습니다.
- 잘못 만들어진 책은 구입처에서 바꾸어 드립니다.

차마 눈부신 당신,

어머니

| 글머리에 |

어제,

나도 병상에 누웠습니다. 키 높은 철제 침대에, 수액 주사 바늘에 꼽힌 채, 얼음 팩을 양 겨드랑이에 끼고, 죽은 듯 누워 있었습니다. 어머니와의 병상 대화, 그 마지막 100일간의 대화를 한 권의 책으로 묶는 막바지 작업 중에, 몸살과 식중독으로 무너져 내린 것입니다. 병상, 그 곳은 전혀 새로운 세계였습니다.

경험해 보지 않고는 함부로 거론해서는 안 되는 딴 세상이었습니다. 문득, 병상의 어머니 대해 더구나 암 병동의 당신에 대해 내가 뭔가를 기록한다는 것이 무리다, 라고 생각되어졌습니다. 해서, 나의 이 어설픈 작업은 어쩌면 나의 자만심에 꽉 찬 지적 편력이거나, 아니면 무지한 용기의 산물이 아닌 가 싶습니다. 그 누구도 대신해 줄 수도, 온전히 이해 할 수도 없는, 당신이 그 침상에서 느끼셨을 그 인생고의 모든 것, 그 깊이와 높이와 넓이

어머니가 가신 지, 십 수 년 만에 다시 책 제목을
바꿔 세상에 내놓습니다. 홀로 눈부셔 세상과 나누지
않고는 감당할 길 없는 어머니를,
만인의 어머니 되게 하라는 독자들의 권면을
외면할 수 없었기 때문입니다.

와 길이를. 나는 어머니께 용서를 빌었습니다. 어머니, 나의 이 어설픈 치기稚氣를 부디, 해서海恕하소서.

그 병상에서 나는 한 통의 귀한 편지를 받았습니다. 어처구니 없게 영어囹圄의 몸이 된, 한 친지의 고뇌에 절은 서신이었습니다. 한번 갇힌 자는 영원히 갇힌 자다, 라는 체념에 물든 나에게 편지는 뜻밖의 각성을 안겨다 주었습니다. 그분이 편지 말미에다가 쓴 다시 찾아 뵐 그날까지, 라는 문구 때문이었습니다.

'다시?' 그렇습니다. 나는 그분에게는 '다시'가 있을 것 같지 않았기 때문이었습니다. 영원히 영어囹圄의 몸으로 그곳에서 천 년, 만 년 살 것처럼 여겨졌었기 때문입니다. 불과 앞으로 한 달여만 지나면 자유의 몸이 되는 그분에 대해서 말입니다.

언젠가 아이들 어섯 명을 태우고 길을 가다가, 횡단보도 앞에 잠시 정차하고 있을 때였습니다. 꼬부랑 할머니 한 분이 그 횡단 보도를 건너고 계셨습니다. 나는 얼른 아이들에게 물었습니다. 저 할머니가 태어나면서부터 할머니였다고 생각되는 사람, 손 들어 봐! 그 차 안에 있던 여섯 아이 중 네 명이 손을 번쩍 들었습니다. 초등학교 5학년 학생까지도. 그러나 나는 놀라지 않았습니다. 나도 그런 생각을 하면서 자랐기 때문입니다. 그래서 검증해 보고 싶었던 것입니다. 내 무서운 고정관념을 말입니다.

어쩌면 그 동안 내 의식 속에는 '다시'란 말이 없었는지도 모릅니다. 한 번 갇힌 자는 다시는 자유자가 될 수 없고, 할머니는 원래부터 할머니여야만 하는 그 무서운 고정관념. 그렇지 않고서야 어떻게 그 '다시'가 그렇게도 생경할 수 있더란 말입니까?

아하, 그 분은 다시 만날 수 있지! 아하, 나도 이 병상에서 다시 나갈 수 있지! 그러다 다시, 어머니 생각이 났습니다. 그래 당신도 그 암 병동에서 다시, 재기할 수도 있었을는지도 몰라, 그런데 내가, 내 체념의 신학이, 당신을 영원히 그 병동에 매장해 버린 거야. 그저 품위 있게만 가시라고 강요해 마지않으며, 우리 오라버니가 장차, 다시 살아 날 것을 믿습니다. 라고만 대꾸했던 내세 지향적 여인, 마르다처럼.

그러나 예수님은 죽은 지 나흘 된 썩어 냄새나는 나사로를 그 무덤 앞에서 불러내, 이 땅에서 다시 뛰기도 하며 걷기도 하게 해 주지 않으셨던가? 그런데 나는, 회생回生의 간절한 염원에 목말라 하시던 어머니를 그 병상에 꽝, 꽝 묻어 버리고, 나만 그 병실에서 쏘옥 빠져나오고만 것입니다. 그리고 여전히 나는 이런 글 나부랭이나 쓰고 있는 것입니다. 어머니 당신께는 '절대로 없는 이 땅에서의, 그 다시'에 대해서. 이후에, 먼 훗날에, 내가 희망을 못 박아 버린 그네들을 이 땅에서 아니 저 하늘나라에서 '다시' 만나면, 나는 그분들에게 무어라고 말해야 하나, 과연 무슨 말을 할 수 있을까?

나는 이 글에서 나의 옹근 어머니의 통증 완화에 대한 일정한 입장을 여러 대상들에게 견지해 왔습니다. 그 중 하나가, 병원이요, 그 병원의 식솔들이었습니다. 어머니가 시한부의 생이었다는 것을, 그 무렵에 의료대란이 있었다는 것을 전혀 고려하지 않을 수 없다손 치더라도, 나는 그들의 생명 연장에 대한 의무도 보호자인 나의 품위 있는 죽음 추구만큼 소중한 일임을 외면하려 들었다는 것이 다소 맘에 걸립니다. 그리고 무엇보다도 신앙적인 애정으로 어떻게든 어머니의 생명을 연장해 보려 들었던 큰 믿음의 용사들에게 진심어린 사과를 드립니다. 결과적으로 우리는 모두 다 어머니를 진심으로 사랑하고 아낀 믿음의 형제요, 자매였음을 우리는 그 공동의 애정으로 확인했습니다. 그리고 바람이 있다면 이런 나의 작은 태도의 변화가 지난 날 우리 어머니를 위해 힘써 준 모든 분들에 대한 나의 무례를 한 톨이라도 사함 받은 일이 되었으면 하는 것입니다. 잊지 않겠습니다. 감사합니다.

내가 겨우 일백여 일 시한부 삶을 사셨던 어머니와의 병상의 대화를 감히 한 권의 책으로 묶어 내게 된 연유는 이렇습니다. 말기 암 환자들의 자연스럽고, 편안한 죽음을 위해 힘쓰는 어느 호스피스 병동에서 접한 엘리자베스 퀴블러 로스 여사의 책, 〈인간의 죽음-죽음과 임종에 관하여〉에서 받은 한 권면 때문이었습니다. "바라는 것이 있다면 독자들이 '가망 없는' 환자를 볼 때에, 그를 피해 달아나지 말고 오히려 가까이 가서 그의 마지막 시간의 글을 많이 붙들어 달라. 그런 일이 성한 사람과 환자에게 서로 혜택을 주는 고귀한 체험임을 깨달아 알게 될 것이다."

해서, 나는 어떤 책무를 느꼈고, 어머니께서 긴급하게 병원에 입원하시자, 이 일이 내 심비에 새기게 될 사건이 되리라는 직감에 의해 한 자, 두 자 날마다 메모해 두었던 내밀한 이야기를 간병 일기라는 형식으로 풀어냈습니다.

이십 년간 임종환자들을 돌보아 왔던, 퀴블러 로스 여사는 "자식이 부모님 생전에 효도를 다하지 못하면 부모님이 돌아가신 후 죄의식 때문에 괴로워하고 반면에 부모님 생전에 효도를 다한 자식은 부모님이 돌아가신 후에도 살아 계실 때와 똑같이 행동을 한다"고 그녀의 경험칙을 전하고 있습니다. 옳습니다. 이 글은 불효자가 운 책입니다.

그리하여 세상을 떠돌게 된 이 책이 여기저기서 밤새워 읽는 이들의 눈물을 쏟게 했다는 이야기를 전해 들으며, 나는 나만이 아니라 모든 자녀들이 그 모성으로부터 결코 자유롭지 못하다는 사실을 새삼 깨달아 알게 되었습니다. 이 불효자만 운 것이 아니었습니다. 효자들도 울었습니다. 왜냐하면, 어머니는 우리 모든 자녀들의 눈물샘의 근원이기에. 더군다나 이젠 가시고 없는 하여, 이 땅에서는 절대로 다시 볼 수 없는 어머니는 우리가 눈물로나 만날 영원한 그리움이기에…….

그리고 오늘,

어머니가 가신 지, 십 수 년 만에 다시 책 제목을 바꿔 세상에 내놓습니다. 홀로 눈부셔 세상과 나누지 않고는 감당할 길 없는 어머니를, 만인의 어머니 되게 하라는 독자들의 권면을 외면할 수 없었기 때문입니다.

불효자가 운 이 고백록에 이름자와 그 끈적끈적한 애정을 남긴 모든 이들에게 감사를 드립니다. 아울러 이 책을 통해 더러 드러난 등장인물들에 대한 나의 허물과 무례에 대한 속 깊은 양해와 더한 격려를 부탁드립니다. 그리고 서평을 주신 소설가 이승우 선생과 일면식도 없으나 '어머니'를 공유하게 된, 독자 예은맘의 마이리뷰, 디자인두루 주영희 실장님의 노고와 그리고 이제는 장성해 할머니를 정성어린 손길로 곱게 그려 낸 디자이너 막내 나리, 교정을 봐 준 아내에게 감사와 고마움을 전합니다. 〈차마 눈부신 당신, 어머니〉를 나와 우리에게 선사해 주신 하늘 우리 아버지께 모든 영광과 찬미를 올리며…….

감사합니다.

2013년 12월 13일

불초자(不肖子)

| 추모시 |

차마 눈부신 당신, 어머니

불초자不肖子

밤을 대낮으로 견뎌내야만
살아남는
극점極點의 백야白夜처럼

영결永訣 이후 오늘까지
내 천 날 밤을 밝힌
오로라aurora

차마 눈부신 당신,
어머니

"벌써, 다 먹어 버렸냐."
해도, 난 여전히 내 볼만 채웁니다. 꼬약꼬약.

"이젠, 좀 쉬고 싶다."
아직, 내드릴 자리가 없습니다. 쥐뼘만큼도.

"이제, 죽어도 여한이 없다."
시방, 살아 여한뿐입니다.

"천국에서 젤로 보고 싶은 사람, '예수!'"
천국에서 젤로 보고 싶은 사람, '엄마!'

"다시, 그분이 불러."
이젠, 더 이상 붙잡을 수 없습니다. 감히.

"힘써, 대장부 되어."
역시, 체통을 못 지키고 삽니다. 만날.

"눈 뜰 수 없는 날도 있었어야."
눈 감을 수가 없었어요. 입때껏.

눈부신 백야白夜에 맞서느라
실눈들 되어 버린
자작나무 수피樹皮처럼

반半 무릎
빠끔 실눈으로도
마주 대할 수 없는

나의 경이驚異 영원 회귀
저, 오로라aurora

차마 눈부신 당신, 어머니

나의
어머니

| 차례 |

〈차마 눈부신 당신, 어머니〉를
나와 우리에게 선사해 주신
하늘 우리 아버지께 모든 영광과 찬미를 올리며…….

이젠 좀 쉬고 싶다

이는, 결코 어머니의 사전에는 없는 문장이었다. 나는 다시 한 번 내 귀를 의심했다. 살아오면서, 늘, 나는 괜찮아야, 라는 말 외에는 당신에게서 들어 본적이 없던 우리가 아니었던가?

이젠 좀 쉬고 싶다

"할머니, 갑상선이 부은 것 같은데요. 큰 병원에 가셔서 정밀 진단을 받아 보세요."

지난해 어느 늦은 가을날, 동네 내과에 독감 예방주사를 맞으러 가셨다가, 뜻밖에 의사 선생이, 할머니 갑상선이 부은 것 같아요, 큰 병원에 가셔서 정밀 진단을 한번 받아 보세요, 라는 뜻밖의 권면을 받고 급히 어머님은 큰 병원을 출입하시기 시작하셨다.

큰 병원은 진단 결과 역시 갑상선에 이상이 있다고 했다. 그것도, 갑상선 종양인데, 양성인지, 악성인지의 여부는 한 3개월여 지켜 봐야한다며 아담하게 생긴 담당 여의사는 일단 한 달여 분의 노란 알약 등이 섞인 내복약을 한 보따리 처방해 주었다. 매사에 그러하시듯 그 날부터 당신은 의사가 처방해 준 약을 단 한 번도 제때를 거르지 않으시고, 지극 정성을 들이시며 복약하시기 시작했다. 시간이 지나면서 약효가 있었던지, 어머님께서는 그 부기가 많이 가라 앉았다고 좋아 하셨다. 종양의 크기가 다소 줄어들었다는 것이었다. 우리도 다행이다 싶었다. 그런데 문제는 이어지는 어머님의 이런 호소였다.

"의사 선생님, 왜 이렇게 피곤헌지 모르것서요."
"그럴리가 없어요. 이 병은 그렇게 피곤한 병이 아니에요."
"갑상선은 힘을 쫘악 빼버리는 병이라고들 허데요. 이렇게"
"할머니도 참, 할머니는 그런 종류가 아니라니까요."

윽박지르듯 말문을 막고, 고개를 갸우뚱거리며, 처방해준 약이나 꼬박꼬박 잘 챙겨 먹으라며 다음, 하고 그녀는 대기환자를 불러 세웠다. 진찰실을 나오며, 까닭을 알 수 없는 피로감에 대한 의구심에 우리 모두는 젖어 들었다.

"더 큰 병원엘 가보세요. 여긴 엉터리에요. 그 더 큰 병원에 가면 우리나라에서 제일가는 이 분야의 전문의가 있어요. 꼭 가보세요. 내가 아는 친척 중 한 사람도 이 병원 저 병원 전전 하다가, 결국 그 선생님한테 가서 문제를 해결 했대요. 의사라고 다 똑같은 의사가 아닙디다."

아까 진찰 대기하고 있었을 때, 대기실 복도 어머님 옆에 앉아 있던 중년 부인이 어머님께 신신 당부하던 말을 우리는 한순간 기억해 내고 있었다.

"어머니, 그 더 큰 병원에 한번 가보십시다."
"그래, 나도 그 병원에 한번 가봤으면 쓰것다."

어머니와 내 입에서 동시에 튀어나온 말이었다.
해서 우리는 어머니를 모시고 더 큰 병원엘 갔다. 동네 병원에서 큰 병원으로 가보라고 한지, 큰 병원엘 출입하기 시작한지 거의 두 달 이상이 경과된 어느 날. 그 더 큰 병원에서 이, 삼분 간격으로 줄지어 서듯 진찰을 받았는데도, 그 정곡을 찌르는 중년 의사의 문진과 처방, 그 여실하게 드러나는 관록은 어머니의 그 의사와 병원에 대한 신뢰를 더하게 했다. 의사는 자신의 엄지로 검지 끝을 꼭 눌러 가리키며,

"그 동안 요만한 누런 알약을 드셨지요? 그 약도 드시지 마세요. 약 같은 것 안 드셔도 돼요. 그리고 이 병은 할머니의 생명에도, 수명에도 전혀 지장이 없으세요."
"근데, 이렇게 피곤한 이유는 뭘까요?"
"이 병과는 아무 상관이 없습니다. 갑상선 종양 상태와 함께 다른 검사도 함께 병행 해 보도록 하죠."

어머니는 이미 두, 세 차례나 힘겹게 치르신 목덜미 갑상선 종양에다 바늘을 꼽아대 속을 뒤집어 뽑아 올리는 처치를 당당히 치러내셨다.

"여길 오길 잘했어야."

"그래요. 엄마."

"확실히 여기는 달라야. 하나도 안 아퍼."

그리고 약 열흘 후,

2000년 4월 6일 (목)

더 큰 병원 갑상선 전문의는 어머니의 갑상선 종양은 양성이며, 해서 어떤 처치도 필요 없으나, 피로의 원인으로 보이는 간(肝) 수치가 문제가 있어 보인다며, 동 병원의 내과의사에게 소견서를 써 주며 그분에게 가서 정밀 진단을 받아 보라고 했다. 예약 신청을 했더니 5월 30일에나 오라는 예약을 받았다. 한편으로는 가볍고, 한편으로는 의문에 쌓여 중계동 작은 누님 댁으로 어머니를 모시고 되돌아오던 중, 우리는, 작은 누님과 나는, 심히 낯설고, 충격적인 어머니의 하소연을 듣게 되었다. 너무도 생경했다. 당신께서 그 모질고 고단한 거의 꽉 찬 80평생을 살아오시면서도, 단 한 번도 우리 자식들 앞에 내뱉어 보신 적이 없으셨던 말씀이었기 때문이다.

"이젠, 좀 쉬고 싶다."

이는, 결코 어머니의 사전에는 없는 문장이었다. 나는 다시 한 번 내 귀를 의심했다. 살아오면서, 늘, 나는 괜찮아야, 라는 말 외에는 당신에게서 들어 본적이 없던 우리가 아니었던가?

나는 액셀러레이터를 확 밟았다.

순간, 어머니의 인내의 한계를 직감했기 때문이다. 무너지지 않고는 결단코 저런 말을 내뱉으실 수 없는 당신의 숭고한 인내의 한계를 나는 너무도 잘 알고 있었기 때문이다. 저분이 무너지신 거다. 강철 같은 당신이 부러지신 거다. 반석 같은 모성의 바다가 침몰하고 있다. 직감적으로 나는 이 상황이 곧장 병실로 직행해야만 할 사태라고 생각했다.

어머니의 동의가 더 이상 필요가 없었다. 당신이 지난 서 너 달 동안 병원 치료를 받아 오시면서, 원인을 알 수 없는 피로감에 지쳐 힘들어하실 때마다, 우리 형제들은 그때마다 휴식을 위한 입원을 강권하곤 했다. 그러나 매번 어머니는 자식들에 대한 여러 염려를 앞세워 단호하게 거부하셨다.

허나, 지금은 상황이 너무도 달라졌고, 이젠, 좀 쉬고 싶다,는 말씀이 곧, 이제 병원에라도 가자, 라는 말씀으로 해석될 수 있었다.

그렇다. 당신의 이 말씀은, 이제는 자식들 손에 자신을 의탁하시겠다는 최초의 동의였던 것이다. 차가 진행하는 방향 중, 제일로 먼저 눈에 띄는 병원으로 우선 어머니를 모셔야 한다는 긴급명령이 그 어디에선 가로부터, 차 중에 있던 우리 모두에게 급히 하달된 듯 했다. 눈에 띄는 첫 병원으로 직행하기. 사태는 그렇게 긴박했다. 나는 전력질주를 감행했다.

바짝 마른 볍씨 같은 어머님은, 심한 오한에 떨며 웅크리고 계시길 벌써 몇 시간째다. 입원수속과 기초검사, X-ray, 심전도, 혈액 검사 등을 마치고 병실에 올라와 침대에 누워 계신지가. 담당 의사는 회의 중이라는 말대꾸로만 일관하는 간호사는 뭐가 그리도 급하냐는 식이다. 의사의 지시 없이는 그 어떤 처방도 할 수 없다는 것이다. 간호사가 무슨 죄가 있겠는가만 도대체, 병원이 환자의 즉각적인 필요에 이렇게 둔하고, 무감각해 할 수 있는지, 그래도 되는지 이해할 수가 없다. 이 병원을 찾아든 것은 가장 빨리 입원할 수 있는 거리와 여지가 있는 병원이라서가 아닌가? 그러나 물론 꼭 그런 이유만은 아니었다.

여기서 한, 두 블록 정도만 더 가면 그 동안 어머니께서 다니셨던 병원도 있다. 사실, 시간적으로 따져 봤자 거기가 거기다. 그리고 새로운 병원에 입원한다는 것은 그 동안 수없이 거친 검사와 절차를 다시 받을 수도 있을 거라는 예상도 감안했었다. 그런데도 진료 받으러 다니던 병원으로 가지 않은 이유는, 그 병원이 근 백 일 여 동안 우리 어머니에게, 먹을 필요가 없는 불필요한 약들을 투여했다는, 비양심적 상업성에 분노한 까닭이기도 했기 때문이다. 그런데 이곳도 결코 덜하지 않는구나, 라는 생각이 든다. 어머니는 오들오들 떨고 계신다.

십 수 차례나 간호사 실에 가서 읍소도 하고, 호통도 쳐댔지만 그들은 그들의 시간표대로만 움직였다. 차갑고 냉혹한, 정지된 시계 마냥, 무대응으로.

겨우, 의사가 왔다. 뭐 하는 거냐고 한소리 했다. 궁시렁거리며, 변명 같은 것을 늘어놓았다. 앞선 병원에서 적어 준 간(肝) 수치 등을 참고한 주치의는 급성 간염으로 추정된다고 했다. '급성 간염.' 다소 안심이 된다. 만성보다는 더 치료가 빠를 수도 있다는 상식 때문이다. 긴급, 항생제 치료가 시작됐다. 부분적으로만 관심이 있는 전문의 시대. 그 아까운 100여일.

2000년 4월 7일 (금)

밤새 공급된 수액과 항생제 덕분에 다소 기력을 회복하신 어머님을 대했다. 한결 편안해 하신다.

"눈을 뜰 수 없는 날도 있었어야."
"………."

어느 날 아침에는, 눈을 뜰 힘 조차 없어, 엄지와 검지 손가락으로 눈을 억지로 벌려 하루를 시작하기도 하셨다는 것이다.

"세상에, 그런 줄 몰랐어, 나는."
"나도."

우리 형제들은 그 누가 누구에게 그 책임을 전가시키지도 않았는데, 이렇게 면피라도 할 양으로 얼버무렸다. 정말이지, 우리는 몰랐었다. 전혀 눈치조차 채지 못했었다. 따라서 우리는 무죄다. 전적으로 이 사태에 대한 책임은 어머니께 있다. 이는 순전히 당신의 그 불굴의 희생정신 탓이다. 정신 탓, 당신 탓이다.

"엄마는 참, 그렇다고 진즉 말씀 좀 하시지, 어떻게 그렇게 힘들게 사셨어요!"

우리는 엄마를 추궁했다. 다시, 어머니는, 염려와 걱정거리로 좌불안석이시다. 어제 긴급하게 들어오느라 2인실로 들어 왔는데, 그 병실 요금 때문에 말이다. 호텔에서 주무시는 것 같으신가 보다. 다행히 5인실로 옮겼다. 내가 아는 사람이 아는, 이 병원의 실력자를 동원해서.

2000년 4월 8일 (토)

아침에 집엘 잠깐 다녀 온 사이에, 그 동안 호출을 받아, 어머니 혼자서 초음파검사를 마치시고 1층 엘리베이터 앞에, 링거병이 매달린 철 막대기를 지팡이처럼 의지 한 채, 힘겹게 서 계셨다. 홑 병원복의 노환자의 모습은 매우 을씨년스러워 보였다. 꽤 춥고 힘드셨음이 틀림없어 보였다. 정말 죄송했다. 보호자에게 미리 시간 좀 알려 줬으면 좋았을 텐데.

독일 매부가 오셨다. 휴가 차 귀국하셨다. 마치 장모님의 병문안하러 들어 온 것처럼 말이다. 득달같이 병실로 달려 오셨다. 어머니 얼굴에 모처럼, 해맑은 미소가 번진다. 어머님의 병세에 대해 이야기를 나누었다. 그래도 다행이라며 서로를 위로한다. 병실을 나와 복도 영창을 향해 서서 이런 저런 이야기를 나누다가,

"급성 간염 환자를 왜 격리시키지 않지?" 라며, 의아해 하신다. 이미 독일 사람이 다 되어 버린 매부의 눈에 비친 이 땅의 환자 관리는 상식 이하인 듯하다. 식사 때마다, 제공되는 음식을 거반 남기시는 어머님께서, 처음에는 나에게 먹으라고 권하시더니, 내가 한번 사양하자 이내 어떤 눈치를 채셨는지 일체 권하지 않으신다. 섭섭하신 걸까?

2000년 4월 9일 (주일)

우르르, 병문안을 왔다. 예배 후에 배가례 교수님을 앞장세운 교우들이.

"자녀들이 부럽네요." 외동딸을 먼 이국땅에 내 보내고, 홀로 생활하시는 어머니와 갑장이신 배 교수님의 말씀이시다.

"다복(多福)도 하셔라. 어쩌면 사위들도 저렇게 잘 두셨어요. 그래, 용돈도 두둑이 받으셨다면서요."

같은 병실에 있는 화사하고 깔끔한 환자의 말이다. 당뇨 수치 조절하려고 들어 와 있다는 여인은 이 방에서 가장 사치스런 화병이다. 입담도 좋아 음산하고, 심각한 병실의 분위기를 한껏 밝게 창조해 낸다. 생산적인 입 소문을 확대 재생산해 주는 저 예쁘고 멋진 아줌마가 계속 좀 있어 줬으면 참 좋겠다. 어머니의 활짝 어깨가 펴지는 것 같다.

'한껏 으스대 보세요. 엄니…….'

2000년 4월 10일 (월)

가만 가만, 오전 10시 반, 주치의가 병실 밖 복도로 나를 불러냈다. 불쑥, '암'이라고 말했다.

암!

악성 종양이라고 우회해서 말하지도 않았다. 간장으로 흐르는 혈관을 막아 선, 종양 덩어리. 지난 토요일 치룬 초음파 검사 결과가 그렇게 말하고 있다고 했다. 거의 틀림없을 것이라며, 그래도 혹시 만의 하나, 아닐 수도 있으니까, C.T촬영을 해 보자고 했다.

체념이 번갯불처럼 빠른 나는, 이렇게만 물었다.

"고통이 얼마나 심하나요. 모르핀은 마음대로 쓸 수 있나요?"

순간, 어머니께서 화장실 가시느라 병실 문을 나오시다가, 병실 바로 문밖에서 심각해 있는 우리를 힐끗 둘러 보셨다. 주치의는 휙 사라지고, 어머니가 다시 병실로 무거운 발걸음으로 들어서셨다.

"뭐가 안 좋다냐?"

"아뇨, 갑상선 약에 대해 물어 봤어요."

거짓말은 아니었다. 수련의가 어떤 의욕을 가지고 그 동안 다른 병원에서 내린 처방 약의 약명을 알아봐 달라고 부탁도 했었기 때문이다.

핑하니 병실을 나와, 복도 영창에 섰다. 새싹 트는 봄날이다. 영창 너머로 그 봄이 약동하고 있다. 헌데, 나는 그 풍광과 마주할 수 없었다. 춘래불사춘(春來不似春). 다행히 그 유리창의 내눈 높이만한 중앙에 '안전수칙-추락위험'이라고 써놓은 A4紙만한 스티커가 딱 붙어 있었다. 나는 그 스티커만을 응시 할 수밖에 없었다. 벽이었다. 이제 우리는 추락할 위험도 철저히 배제된 벽 자체였다. 벽 앞에 서서, 나는 '왜?' 라고 묻지 않았다. 단지 '어떻게?' 라고 만 물었을 따름이다. 물론 전혀 '왜?,' 라고 묻지 않은 것은 아니다. 잠시 물었다. 이내 답이 나왔다.

'왜?'
'바로 너!'

바로 너 때문, 이라는 판정에 나는 곧 바로 승복해 버렸다. 그건 너, 바로 너, 그건 너 때문이야 많이 들어보던 노랫말이었다. 애간장이 탄다는 말도 있지 않던가? 이 스올(sheol ; 음부,지옥) 같은, 도시를 깨울 파수꾼이, 천지를 분간 못하는 깊은 잠에 빠져 버린 새벽마다, 한 올, 한 올 녹아 내리셨을 당신의 심사. 눈물이 앞을 가렸다. 나는 그 눈물을 말리려 숨을 깊이 들어 마셨다.

이내, 나는 어떻게? 라고 내 안의 나에게 물었다. 자책감만이 아니라, 그 '왜 하필 나입니까' 라는 애통하고, 절통할 물음에 대한 독점권이 전적으로 어머니께만 있었기 때문이다. 나는 단지 행여, 어머니께서 하늘 아버지께 묻고 따질지도 모를 그 'Why me?' 의 과정을 '어떻게' 충실하게 도와, 어머니께서 그 물음에 성공적인 해답을 얻으시도록 도울 것인가, 라는 데에만 관심을 쏟아도 부족할 판이라고 생각했다.

영겁을 바친 어미여,

더 이상 남은 그 무엇이 있길래 그토록 잔인하게 자신을 태우시는가?

내일 C.T촬영을 위해 자정부터 금식이시다.

정녕 4월은 이렇듯 잔인하다.

2000년 4월 11일 (화)

진심으로, 월담하고팠던 어제 월요일은 도리어 나의 담, 벽이 되어 버렸다. 절대로 폴짝 뛰어 넘을 수 없는 벽. 헌데, 불행은 결코 혼자오지 않는가 보다. 다정스레 손에 손을 잡고 온다던가? 병약한 작은누나가 근 100여일 이상을 어머니 뒷바라지를 끔찍하게도 해 내더니, 드디어 올 것이 왔다는 것이다. 조짐이 이상해서, 오늘 병원엘 가 봤는데,

"나도 문제가 생겼데, 간경변이거나 아님 종양일 수도 있대."

셀룰러 폰을 땅에 떨어뜨릴 뻔했다. 하늘도 무너질 수 있다는 말은, 하늘이 무너져 내리는 아픔을 겪은 이들이 당한 실제상황일 수도 있다고 생각했다. 나는 서로의 불행을 알 기력조차 소진해 버린 어머니와 누나 사이에서 압사 당하고 있었다. 오, 주여!

이런 나를 수련의가 불러냈다. 몇 년 전, 음주운전 트럭에 뒤범퍼를 받쳐 목이 뻐근해진 나는 그 후유증으로 가끔씩 시달렸는데, 어젯밤에는 정말이지 누울 수도, 누워서도 목을 가눌 수 없는 극심한 통증에 시달려 한숨 제대로 잠을 자지 못했었다. 비몽사몽 시체 같은 심사로 그 앞에 섰다. 사인을 하란다. C.T촬영

을 위해 '조영제'를 투여를 하는데, 그 결과에 대한 책임을 당신이 죄다 져야한다며. 그 위험과 부작용을 설명해댔다. 10만분의 1의 확률로 사망가능성이 있다는 것이다. 나는 망설이지 않았다. 사인하는 손이 떨리지 않도록 힘을 다했다. 체념의 힘을.

C.T 통에서, 새파랗게 질려 나오시며 비틀거리시던 어머니,

"못할 짓이여."

어젯밤부터 금식하신데다, 새벽부터 이 검사를 대비한다고 댓(大)자 바늘을 서, 너 군데나 찔러대 자지러지시던 어머니에게, 나와 공모한 무심한 간호사는 예비약물을 한통이나 억지로 드시게 하고는, 홑 환자복으로 한 시간여나 차가운 지하방에서 떨며 대기시키다가, 공포의 C.T통속에서 밀어 넣어 서늘하고, 외로운 투쟁을 치르시도록 강요했던 것이다. 당신은 이제 정말 끝났소, 라는 확진을 받게 하려고 내가 지혜로웠더라면, 그런 경험이 있었더라면 따뜻한 외투라도 준비했을 텐데. 나는 어머니를 도울 '어떻게'에도 이렇게 실패하고 말았다.

2000년 4월 12일 (수)

"역시 암(癌)이네요."

초음파 사진에 대한 자신의 판독력을 과시라도 하는 듯 주치

의는, 아래턱을 잡아당기며 확신의 언어를 내뱉는다. 그 만(萬의) 하나, 오독(誤讀)의 기적을 바라며, 아침부터 이 시간 오후 늦게까지 간호사실 앞만 서성거렸던 나에게, 그 의도된 주치의와의 조우(遭遇)는 이런 확정판결로 끝을 맺고 말았다.

이제, 당신의 여명(餘命)이 믿어지지 않는 시한,
겨우 이, 삼 개월밖에
남지 않았답니다.
어머니.

저녁, 수요예배를 인도하다가,
우리 다 같이 신앙고백으로 사도신경을 암송하다가,
'몸이 다시 사는 것과'를 읊조리다가,
순간,
박하사탕을 한 입 와삭 깨문 듯 '화-한'한 감흥이 전신을 감싼다.

'몸이 다시 사는 것과'
'몸이 다시 사는 것과'
'몸이 다시 사는 것과'

'다시 오실 주님, 다시 만날 우리 엄마.'
부활 신앙, 그 보배로운 신앙 유산이여!

밤에, 아내에게 처음으로 어머니에 대하여, 말했다.

2000년 4월 13일 (목)

국회의원 선거일이라, 임시 공휴일이다. 다들, 가락동 동생 집에서 점심을 하기로 했다. 독일 매부까지 오셔서 모처럼 남자들이 다 모였다. 식사 후에나, 말하려고 했는데, 어떻게 식전에 말이 나와 버렸다. 나 혼자 그 아픈 비밀을 간직하고 있기에는 너무도 시간이 길었던가 보다. 벌써 그 통고를 받은 지가 나흘이나 됐고, 내 나름대로 이 사태를 어떻게 대처할 것인가를 기도하며, 숙고해 왔는데도, 아무 생각 없는 사람이 내뱉는 무책임한 말처럼 불쑥 거두절미하고, 내가 통고 받은 그대로

"암이래, 암."

"……."

"얼마 못 사신데, 잘해야 3개월이래."라며 무서운 통고를 거침없이, 포장도 하지 않고 내뱉듯이 잘라 말해 버렸다.

"흑–" 하고 동생이 일어서 뛰쳐나갔다.

모래알을 씹는 듯 했으나, 산사람은 살아야 하는가 보다. 식사 후, 둘러앉았다. 나는 이 며칠 동안 내가 정리했던 생각들을 하나씩 풀어냈다. 당신의 장남으로서, 신앙인으로서, 목사로서 나는 어머니의 병환을 놓고 다음 두 방법이 가능하다고 생각했다.

하나는, 기적을 간구 하는 것이다. 전능하신 하나님께서 못하실 것 없다는 신앙고백으로 그분께 매달려 보는 것이다. 다른 하나는, 어머니를 품위 있게 가시도록 하자는 것이다.

어머니를, 어머니답게 생을 마무리하시도록 하자는 것이다. 의연하게 이 현실을 받아들여, 신앙인으로서의 한 평생을 명예롭고 모범 되게 마무리하시도록 우리도 돕자는 것이다. 어머니의 상태가 알려지면 틀림없이 능력자들이 몰려들 것이다. 자칫 잘못 대처했다가는 어머니의 신앙적 품위를 망가뜨리는 안타까운 일이 발생할 것이다. 그래서 나는 후자를 택했다, 고 말했다. 물론 어머님의 연세도 감안하지 않은 것은 아니나, 그것만이 모든 것은 아니었다. 형제들은 내 말에 이내 동의를 표했다. 이상과 같은 대 전제하에, 당신을 품위 있게 가시도록 하기 위한 구체적인 방안을 우리는 다음과 같이 정했다.

첫째, 무엇보다 어머니의 통증 완화에 최우선순위를 둔다. 당신 안에서 이는 내적 고통 덜어드리기. 그 동안 우리가 보고, 들은 암 환자들이 겪는 극심한 고통이 어머니에게도 예외일 수는 없을 거라는 생각을 우리는 떨쳐 버릴 수가 없었다. 불행 중 다행으로 간암은 상대적으로 다른 암에 비해 그 통증이 덜 하다는 말도 있지만, 인간을 생체 실험의 도구로 삼는 듯한, 무정하고 인색한 의학적 처방에 대해, 우리는 최선 다해 통증을 완화하는 방식으로 대처하기로 했다.

나는 언젠가 텔레비전에서 이 땅은 환자들이 덜 고통스럽게 죽을 자유도 없다는 보도를 시청한 적이 있었다. 말기 암 환자들에게 투여할 수 있는 모르핀 등의 양이 너무 인색하게 적용되고 있어, 어차피 죽을 목숨도 뼈가 뒤틀리고, 내장이 뒤집히는 고통을 다 당하며 죽어야 한다는 것은 반드시 재고해 봐야할 문제라는 내용이었다. 나는 그때 전적으로 동의했었다.

이런 가슴 아픈 기억이 생생히 떠올랐기 때문이었다. 근 20

여 년 전 위암으로 돌아가신 외사촌 형이 계셨는데, 극렬한 통증에 시달리는 그 형에게 그를 위한다는 사람들이 한 일은, 그를 살려야한다는 이기적 명목에만 매달려, 거의 단 한 번의 진통제도 흔쾌히 허락하지 않아, 그를 종국엔 자지러져 죽게 만들었던 가슴 짠한 기억이 말이다. 우리는 우리가 할 수 있는 최선의 일이, 바로 어머니의 고통을 각기 내 아픔으로 여겨 당신의 고통을 최소화시키는 일이라 생각했다. 그 일을 위해 온갖 방법을 강구해 보자고 다짐했다.

둘째, 이제 후로는 어머님에게 더 이상 외부적, 물리적, 인위적 고통을 안겨 드리지 말자는 것이었다. 어머니의 병명이 확인된 연후부터, 수련의와 주치의는 나에게 마지막 시도해 볼 수 있는 치료법을 소개하며 은근히 동의를 구하고 있었다. 동맥조영색전술(動脈照影塞栓術). 다리 사이에 있는 동맥을 통해 얇은 관을 간까지 집어넣고, 암세포에 항암제를 직접 투여하는 방법. 흔히 색전술이라고 부른다. 그러니까 그 시술은 간으로 가는 동맥을 막아서 영양공급을 차단 암이 맥을 못 추게 한 뒤, 항암제를 투여해 암을 죽이는 방법이다.

그런 회생 가능성도 희박하고, 오히려 위험부담이 더 큰 시술을 연로하신 할머니에게 권하다니. 나는 그들의 생명 연장 의지를 인정하면서도, 어머니를 이전처럼 일방적으로 병원에 내 맡겨서는 안 되겠다는 생각을 하게 되었다. 해서, 주사 바늘 하나라도 더 이상 꽂지 않게 하는 것이 어머니의 통증의 완화를 돕는 보호자의 일이라 여기게 되었다. 약해진 혈관이 이리저리 움직여 수액 주사라도 한번 놓을라치면 수차례나 마른 혈관을 찔러대는 공포와 아픔에 시달리는 어머니를 안타깝게 여겨 왔기 때문이다. 하루 한, 두 모금의 물만 더 드실 수 있다면, 그런 상태로 계실 동안은 수액 주사 대신 경구 투입 방법을 권해 드리기로 했다.

셋째는, 어머니의 심정적 위안을 위해 힘쓰자. 그런 차원에서 더 이상 건강이 나빠지기 전에, 독일 누나가 귀국하시도록 통지하고, 어머니께서 간절히 둘러보길 원하셨던, 고향 암태도 여행 계획도, 만의 하나 가능하다면, 어머니 건강상태에 맞춰서 지혜로운 다양한 방법을 강구해 보도록 하자.

넷째, 어머니에게는 정확한 병명을 알리지 말기로 하자. 친지들에게도 당분간 알리지 않도록 하자.

다섯째, 아직은 이르고 다소 불경스러운 말이지만, 어머니의 장지는 어머니께서 원하시는 곳으로 한다.

이렇게 우리는 서로의 의견들을 교환하고, 실천적 합의를 이끌어 냈다.

"믿어지지가 않아."

어머니 병실에서 나오며, 동생이 혼잣말로 중얼거렸다. 믿어지지 않은 사실도, 믿을 수 없는 진실도 존재하는 세상사. 어머니 셀룰러 폰을 동생이 사다가 드렸다. 새신을 신고 뛰어 보자 팔짝, 그렇게 어머니는 좋아하실 수가 없었다. 압해도 이모님께 제일 먼저 전화해 보셨다.

"언니, 나 좋아지면 곧장 내려갈께이."

항생제 탓에 염증도 가시고, 신기한 물건도 손에 쥐시고, 병실 안은 자녀 손들로 가득하고, 어머니는 지금 훨훨 날고 계신다.

2000년 4월 14일 (금)

"내가 아는 박 장로님도 간경화증으로 고생깨나 했지만, 그랬어도 한참 살았지"

"누가 무슨 말했어요?"

"의사 선생이 간이 좀 굳었다고 말하더라."

그 동안 속 시원한 대답을 내게서 들을 수 없자, 아침 회진 시간에, 어머니는 주치의에게 물어 보셨던가 보다. 그 동안 힘겹게 치르신 초음파 검사나 C.T촬영의 결과에 대해. 내가 마침 당신 곁에 없었던 시간에.

오후에, 어머니 C.T 촬영 필름을 복사해 가지고, 동생 친구 내과 전문의 윤박사에게 갔다. 돌꽃이 만발한 화석 같은 필름을 밝히며, "이것들이 바로 그것들입니다"라고 가리키며 윤박사는 세세한 해설을 덧붙여 주었다. 종합병원 의사들이 혈액 응고제 투여 시술을 종용하는데 어떻게 생각하느냐, 고 물었더니 내가 그 병원에 있었어도 그렇게 권했을 것이라고 대답한다. 그렇다면, 미안한 비교지만 이 환자가 윤박사의 어머니라면 어떻게 대처하겠느냐고 묻자, 그는 이렇게 대답했다.

"목사님께서 생각하고 계신 것처럼, 하겠지요."

돌아와, 윤광문 집사가 어깨가 심히 결려서 힘들어하시는 어머니를 안마 해드렸다. 시원하다며 좋아하신다. 시원스레 방귀도 나왔다. 좀 더 꽉, 꽉 눌러드리세요. 누군가가 한마디 거들었다.

"너무, 심하게 누르지 말어. 잘못하면 설사 나와."

내 말이다.
까르르 모처럼 웃음이 터져 나왔다.

"역시, 아들은 달라."

밤늦게, 어머니에 대해 멀리서 전해들은 독일 누나와 장시간 통화를 했다. 우리들이 협의한 어머니 돕기 내용에 대해 전적으로 찬동하셨다. 누나는 지금도 간호사로 일하고 계신다. 해서, 긴 설명이 필요 없다. 모르핀 이야기를 했다. 헌데, 그 나라도 내 예상과는 달리 상당히 엄격히 관리하고, 공급하고 있다고 했다. 자신의 경험으로 볼 때, 어머니의 그 깊은 신앙심이 이 어려운 국면을 돌파하는데 큰 도움이 될 거라 했다. 그 신앙심으로, 우리가 제일로 염려해 마지않는, 그 고통 없이도 가실 수도 있다고 했다. 나는 예수 믿는 사람도 고통 속에, 힘든 모습으로 갈 수도 있다고 했다. 믿음이 부족한 목사이기도 하지만, 아직 신앙생활을 본격적으로 하지 않고 계시는 누님에게 나는 적당한 복선을 깔아 두고 싶어서였다.

사람들은 신심 깊은 신앙인들은 결코 중병에 걸려서는 안 되고, 그 생의 마지막 모습이 천사 같아야만 하는 것이 아니냐고 생각 할는지도 모른다. 그러나 그 누구도 육신을 지닌 인간으로서의 한계를 뛰어 넘을 수는 없음을 우리는 직시해야만 할 것이다. 무서운 병은, 그 병에 수반되는 극심한 통증은 풍채도, 인격도 가리지 않는다.

그리고 신앙인들에게도 결코 예외가 없다. 그래, 행여 어떤 사람들은 우리 어머니의 병환에 대해 이러쿵저러쿵 떠들어 댈지도 모른다. 왜 하필 전도사가 그런 병에 걸렸느냐고, 그러나 우리는 여기서 다시 분명히 알아야 할 것이 있다. 먼저, 우리 모두가 어쩔 도리 없이 병들 수밖에 없는 인간들이라는 사실을 전제한다면, 특정 병에 걸렸다고 그것이 곧 바로 하늘의 저주라고 말해서는 안 된다. 그리고 일반적으로 병이란 사람들의 자기 관리, 즉 평소 자신의 건강관리의 산물이라고, 나는 생각한다. 그리고 그 누구도 자신의 건강관리를 완벽하게 할 수 있는 사람이란 결코 없다고도 생각한다. 해서, 사람들은 병에 걸리는 것이 아니겠는가? 그리고 어쩌면, 보다 헌신적인 사람들의 경우, 물불 가리지 않고 자신의 몸을 무리하게 사용한 결과 더 무서운 병도 얻게 되는 것도 같다. 우리 어머니의 경우에 비추어 보면 말이다. 그리고 사람이 천사같이 우아하게 갈 수만 있다면야 얼마나 좋겠는가마는, 그 무서운 통증을 견뎌 낼 장사란 아무도 없다. 해서, 우리는 그 위대한 신앙인들에게 조차도, 적극적으로 막판 통증완화를 위한 지대한 관심과 노력을 주변 사람들이 기울여야만 한다고 생각한다. 이것이 그들을 품위 있게 가시게 하는 우리 간병자의 임무가 아닐까 싶다. 나는 기도했다.

"이 밤, 남에 대한 말을, 절제할 수 있는 지혜를 주소서! 남의 말에 치이지 않는 우리가 되도록 강한 심령을 허락하소서! 이해할 수 없는 일과 사람에 대응하는 최선의 방법이 일단 침묵임을 알고 실천할 수 있게 하소서! 이 모든 사태가 오히려 당신께 영광을 돌리는 계기가 되게 하소서!

당신의 딸, 전 납 실 - 온전 全, 들일 納, 열매 實 - 오늘까지 그래 왔듯이, 이 병상에서도 당신의 나라에 온전한 열매를 올려 드리는 사명자 되게 하소서! 예수 그리스도 이름으로 기도합니다. 아-멘."

2000년 4월 15일 (토)

겨울도 지나고 비도 그쳤고…….

아가서(雅歌書)의 한 구절을 풀어놓은 것 같은 아침이다. 긴급 입원 후, 가장 상쾌한 아침이라며 좋아하신다. 계획대로 링거 주사 바늘도 걷어 치워드렸다. 워낙 깔끔하고, 부지런한 양반이시라, 이 아침에도 머리를 감으셨다. 알리자, 친지들에게 이렇게 건강해 계실 때. 형제들에게, 어머니가 보고 싶어 하시는 분, 어머니를 보고 싶어 하시는 분들 모두에게 알리자. 이렇게 나는 우리가 세운 원칙 중, 한 가지를 깨뜨렸다. 나의 사랑 나의 어여쁜 자여, 일어나 함께 가자.

전화를 받으셨단다. 어머니의 신앙의 동지이신 광주 화영 권사님에게서.

“꿈을 꿨는데, 내가 작은 방에 갇혀 있더란다.”

해서, 전활 걸으셨다는 것이다. 영통하셔라.

“나도 꿈을 꿨는데, 악어 두 마리와 실랑이를 했어.”
“…….”

기쁜 소식!
작은누나 소식이다. 지난 화요일 동네 내과 병원에서, 간 경변이 아니면 종양일 수도 있다는 충격적인 진단을 받은 누나가, 건강에 아무 이상이 없다는 것이다. 그야말로 오독(誤讀)의 대표적 사례였단다. 그 지역에서 내과 전문의로 일찍이 소문난 이 내과엘 그 초음파 검사 필름을 가지고 찾아갔더니, 누가 그렇게 판독하더냐고 하면서, 다시 정밀검사를 받았는데, 건강 이상 무(無)였다는 것이다. 물론 몸이 허약한 것은 사실이지만. 얼마나 다행인지, 얼마나 감사한지.
토요일이라 환자들이 다른 날보다 더 많이 퇴원하느라 병실이 부산해지자, 어머니가 묻는다.

“나는 언제나 퇴원하게 될까?”
“뭐가 급하세요. 여기가 그래도 좀 더 낫지 않아요?”

다시 자리에 누우시며, 혼잣말처럼 이렇게 푸념하신다.

'이제, 내 명이 다했는갑다이. 집에 돌아가면 일기도 다 태워 버려야지.'

"……."

2000년 4월 16일 (주일)

채, 하루를 못 넘기신다. 속은 계속해서 더부룩하고, 아픈 어깨의 통증은 꼬빡 밤을 하얗게 새게 했단다. 그래, 무엇이 더 나아지실 것이 있으시겠는가? 안타까운 어머니.

주일 예배에 어머니 대신 당신의 헌금이 올려졌다. 최선 다한 예물이. 이달치, 십일조 헌금 26만원, 건축 헌금 4만원, 선교 헌금 1만원, 그리고 감사 헌금 10만원.

동생 친구들이 다녀갔단다. 어머니의 말씀이다. "우리 세창이가 참 효자더라, 참 효자여, 영육간에." 오세창 집사를 두고 한 말씀이다. 연로하신 아버지를 위해 영육간의 온전한 순종과 보살핌을 아끼지 않는 오변호사가 너무도 대견하고, 부러우신가 보다. 육신적으로는 남 못지않은 효자인 당신의 아들이지만, 아직도 영적으로 당신의 가슴을 짓누르고 있는 현실이 매우 안타까우셔서 하신 말씀일거다.

저녁, 다시 적절한 수분 공급을 위해, 어머니가 원하셔서 포도당 주사 바늘을 꼽았다. 어느 병원 의사 몇 분이 개발했다는, 홀뮴 치료에 대해 동생이 인터넷에서 정보를 얻어 왔다. 조건만 맞으면 완치율이 그간 임상적으로 75%였다는 것이다. 한번 시도해 보자는 것이다. 우리가 정한 기본 입장과는 다르지만, 자식으로서 최선의 방법을 강구해 보겠다는 동생의 의지가 하도 강해서, 일단 내가 알고 있는 동 병원의 간호사 분에게 자문을 구해 보도록 하자고 했다.

2000년 4월 17일 (월)

새벽. 어머니의 고통만 감소 시켜 주십사고 기도해 왔는데, 이 새벽, 고쳐 주소서, 라는 기도가 나왔다. 내가 너무 서둘러 포기해 버린 것이 아닌가? 영적 갈등이 일었다. 말씀을 읽다가, 癌, 이란 한자와 다음 말씀을 번갈아 묵상했다.

> "예수께서 대답하여 가라사대 진실로 너희에게 이르노니 만일 너희가 믿음이 있고 의심치 아니하면 이 무화과나무에게 된 이런 일만 할뿐 아니라 이 산(山)더러 들려 바다에 던지우라 하여도 될 것이요, 너희가 기도 할 때에 믿고 구하는 것은 다 받으리라 하시니라(마태복음 21:21-22)."

山, 癌의 뿌리인 山을 들어 바다에 던져 버리면(암(癌)-산(山)), 암은 와르르 무너져 내리리라. 어떻게, 무엇으로? 믿음으로, 믿음의 간구로. 그런데 나는?

이런 영적 흐름은 하루 내내 계속 되었다. 어머니의 병환 소식이 알려지자, 경향 각지에서 문안이 빗발쳤다. 어머님의 마지막 사역의 동역자였던 송전도사님이, 교역자들이 제일로 고단한 월요일 아침, 새벽같이 목포에서 득달같이 올라 오셨다. 그렇게 건강하시던 당신이 이게 어찌된 일이냐며, 눈물을 삼켰다. 너무 감사했다. 저녁에는 역시 목포에서 어머니의 믿음의 지도를 받아 신앙생활을 시작하신 이제는 영적으로 든든히 자립한 김전도사님께서 올라 오셨다.

"목사님, 전능하신 하나님을 믿습니까?"

내 부실한 영성에 대해, 늘 안타까워하시는 김전도사님께서 나직이 묻는다. 그 말속에 담긴 의도가 무엇인지 나는 안다. 한번 밀어붙여 보겠다는 뜻이다. 좋은 말로 할 때 허락하라는 말이다.

"믿죠. 허나 우리 어머니는 품위 있게 가시도록 할 겁니다."

씁쓸해 하셨다. 이내 그분의 기도가 시작됐다. 정말 산이라도 옮길 것 같은 강렬하고 확신에 찬 기도가. 그리고 그 간곡한 기도의 깊이는, 아들인 나보다 더하면 더 했지, 결코 덜하지 않았다. 감정이 이입되기 시작했다. 그래서 기도를 시켜보면 그 사람의 속마음을 훤히 들여다 볼 수 있다지 않은가? 그래서 기도는 능력이 나타나는가? 가식 없이 순전 무구해 지기에 말이다. 기도를 거짓말로 하는 사람은 없을 테니까. 그렇다. 그래서 기도에는 역사(役事)가 나타나는 것이다. 순수한 능력의 역사가. 그녀의 지칠 줄 모르는 기도가 클라이맥스에 다다르고 있었다.

순간, 발설해서는 안 될 병명까지 튀어나오려 했다. 나는, 그때를 놓치지 않고, 콱, 그녀의 발뒤꿈치를 걷어찼다. 절제가 최상의 정책이다, 라는 사실을 나는 그렇게 확실히 그녀에게 각인시켜줬다. 다시 오겠다며, 김 전도사님은 무슨 영성 집회에 가셔야 한다며 먼 길을 서둘러 떠나셨다.

병환 중인 어머님을 가운데 두고, 치러야 할 본격적인 영적 갈등은, 내 안에서만이 아니라, 외부의 애정 어린 세력들과의 사이에 이제 본격적으로 시작되었음을 느꼈다. 만만치 않은. 나를 더 왜소하게 만들 이렇게 신령한 하루는 갔다.

2000년 4월 18일 (화)

일심교회 전목사님이 다녀가셨다. 그의 기도가 너무도 시원했다고 좋아 하셨다. 열도 떨어지고. 기도가 시원하니, 열이라고 왜 안 떨어지겠는가? 시원한 기도를 할 수만 있다면.

시원한 기도!

바로 이 문구(文句)는 우리 어머니의 트레이드 마크였다. 병든 영혼을 치유하며, 상한 심령을 회복케 하는, 한 여름 작열 하는 정오의 태양 같이 뜨겁고, 천지를 가르는 한줄기 폭포수와 마

원시림의 한 줄기 바람같은..

냥 뼛속까지 시원케 하는 능력의 기도. 성도들은 우리 어머니의 그 시원한 기도를 지금도 잊지 못해 한다.

평신도 집사 시절, 어린 딸을 등에 업고 목사님을 따라 나선, 폐병 말기 환자 임종 예배. 기도 중 느닷없이, 성령께서 그 환자에게 당신을 확, 그 권능으로 밀어붙이시자, 성령의 인도하심 따라 그 환자를 위해 기도하고 났더니 그가 즉시로 되살아 나 버린 기적 같은 사건은 우리 어머니의 운명을 바꿀 어떤 한 징조였다는 것이다. 그 후, 하나님의 예정하심 따라 선친께서 별세하신 후, 어머니는 평신도에서 전 교우들의 추천으로 전도부인이 되셨다. 성도들의 추천으로 자신이 섬기던 교회에서 전도 부인이 된 영예는 그 '시원한 기도'가 강력한 무기였음에 틀림이 없다.

그리고 당시 성령이 충만한 능력자들 사이에서도, 어머니의 기도는 마치 바다의 배를 밀어내는 듯한, 거대한 운동력 같은 힘이었다고 어머니의 지인들은 말하곤 했다. 그렇다. 당신의 여교역자로서의 승리의 사역은 그 권능 있는 '시원한 기도'가 원동력이었음에 틀림없다. 그 '시원한 기도'는 찬송가 94장의 가사처럼 우는 자의 위로요, 병든 자의 고침과, 없는 자의 풍성이며, 잡힌 자의 놓임, 그 자체였다.

그 시원한 기도의 사람이 지금 병상에 몸을 의지하고 계신다. 순리를 인정하지 않는 바는 아니지만, 지금이라도 벌떡 일어나, 그 원시림의 한 줄기 바람 같은 기도를 들려 주셨으면 한다. 아니다. 도구는 사용되어지는 시기와 한계가 있는 법이다.

주여! 주께서 당신이 그녀의 한평생을, 당신의 나라를 확장하는데 요긴한 도구로 사용하셨다면, 이젠 마모되고 상처투성이인 저 귀한 당신의 도구를, 곱고 예쁘게 손질해 당신의 나라에 들이시옵소서. 눈물 없고, 슬픔 없고, 별리 없고, 병마 없고, 죽음 없는 참된 안식의 땅으로. 시원한 기도의 사람, 그 산뜻한 마무리를 도우소서.

2000년 4월 19일 (수)

그 서류들을 건네받기까지, 나는 의사들의 이해할 수 없는 줄다리기에 한동안 시달려야 했다. 돈 뭉치라도 그냥 넘겨주는 듯 찝찔한 표정들에. 차라리 그들의 그런 욕심에 한 생명의 생존 가능성이라도 읽을 수 있는 형편이었다면 얼마나 좋았을까? 내가 단호하게, 냉정하게 더 이상의 처치를 거부하고 나오자 그들의 표정이 매우 뜨악해져 있다. 다음 주 한 주라도 더 있게 해 달라는 나의 요청이 그들에게 호소력을 잃어 가는 듯하다. 별로 볼 일 없는 환자, 별로 돈 될 것도 없을 것이라서 그럴까? 내가 너무 그런 쪽으로만 해석하고 있는지도 모르겠다. 그러나 오늘 의무 기록표 복사본을 떼는 과정에서 주치의와 수련의 사이에 누가 서명하느냐의 문제로, 나를 몇 차례나 오르락내리락 하게 한 것은 나의 그런 식의 해석도 무리가 아님을 증거하고 있는 것 같다.

깊은 밤. 세브란스 조간호사를 만나 필름과 의무 기록표 복사본을 전했다. 홀뮴 치료법을 개발한 의사 분들에게 보이기 위해서. 아마, 이것이 의학적인 판정을 위한 우리의 마지막 노력이 될 것 같다.

2000년 4월 20일 (목)

기어이, 능력 대결은 시작되고 말았다. 오후 4시쯤, 엘리베이터에서 내려 어머니가 계신 병실 복도 쪽으로 꺾어져 돌아 들어서는데, 작은 누나가 저 먼 발치 복도 영창에서 전활 받고 있었다. 내가 다가가자, 매우 난처해 있다가 뜨거운 감자인 양, 얼른 내게 셀룰러 폰을 넘겨주었다.

"목사님, 내일 10시까지 잠실 쪽에 차 좀 대실라요."

월요일에 오셨던, 능력자 김전도사님이셨다. 계속 이어지는 내용은 이러했다. 정말 귀하고 권능 있는 여자 목사님이 계시는데, 내가 특별히 부탁해서 천금 같은 시간을 쪼개 내어, 우리 전도사님 안수 기도해 주러 가기로 했다는 것이다. 그러니 내일 아침 그 시간에 나에게 잠실까지, 모시러 나오라는 말이었다. 순간, 열이 받쳤다. 나에게 동의도 구하지 않고, 신분도 모른 사람을 나한테 모시러 오라고? 내 입장을 지난번에 분명하게 밝혔는데도. 나는 대뜸,

"여기도 목사들 많아요."라고 쏘아붙였다.

"……."

나는 나의 느닷없는 직격탄에 어안이 벙벙해, 말을 잊지 못하는 여걸, 그녀는 여걸이다. 흑곰 같이 생긴 생김새하며 암흑가의 대모로 살아 온 전력이. 천불이 난 모양이다. 한참 있다가,

"알았습니다." 옥니가 박힌 소리로 접속이 끊겼다.

나는 능력 대결에 실패하고 말았다. 씁쓸했다. 우리 어머님이 그렇게도 인내로 승리하기를 당부하셨던 능력 대결에서 나는 쓰디쓴 실패를 다시 맛보았다. 이젠 당신의 마지막 남은 홑몸을 태워서라도 승리하길 바라시던, 그 고운 말 사용하기. 바른 말도 곱게 쓰지 않으면, 아니 쓴 만 못하다는 사실을 나는 다시 여실히 드러내 보이고 말았다. 순전한 애정 때문인데, 그 무례(?)가 아무리 지나쳤다 해도, 그것이 내 원칙과 다르고, 설령 그녀의

신앙 고백이 다소 무리한 부분이 있다손 치더라도, 그 개입이 순진한 그분의 우리 어머니에 대한 영, 육간의 애정의 표출일진데…. 해서, 나의 불손은 결코 정당화 될 수 없다. 나는 이내 후회했다. 에피메테우스의 후예인가? 엎질러진 한 바가지의 물이었다. 그분 안에 거하실 예수 그리스도의 관용을 구했다.

2000년 4월 21일 (금)

"할머니, 퇴원하시죠, 내일."

더 이상 손 쓸 방법이 없다는 선고, 무지 서글픈 드라마의 한 장면 같았다. 어머니는 기쁘신가 보다. 병원보다 돌봐 드리기 편한 곳은 없는데, 이후엔 어떡하나, 이것은 우리들의 염려였다.

홀뮴 치료 가능성 여부를 타진해 달라고 부탁했던, 세브란스, 조 간호사의 통보다.

"의사 선생님께서, 이 할머니에게는 일체 그 어떤 처치도 하지 말라고 하시대요. 그저 마음 편하게만 모시라고 하대요."
'let it be!'

기대도 안 했지만, 그래도 허탈했다.

2000년 4월 22일 (토)

퇴원

이 죽음의 긴 그림자를 끌고 귀가 하리라고는 상상도 못했는데…….

하늘이여, 정녕 한 번 만 더 기회를 줄 수는 없나요?

단 한 번 만 더…….

그러나 결코 재시험이 없는 인생사.

이게 꿈이라면,

얼마나.

2000년 4월 23일 (주일)

작은 누님 댁에서의 하룻밤. 그런 대로 잘 넘기신 것 같다.

하긴, 발생할 비상사태도 이젠 없다.

2000년 4월 24일 (월)

내가 무너져 내린 하루다. 별로 한 일도 없는 것 같은데, 어머니를 등지고 나는 드러누웠다. 목을 가눌 수가 없다. 한 손으로 머리채를 움켜쥐고, 잡아 당겨야만 들리는 머리. 목도 필요하구나, 라는 생각도 들었다. 내 발등의 불보다, 더 급한 게 없다는 사실이 절감되는 하루다. 내 몸이 무너지니, 당신 어머니가 나에게 절박하지 않은가 보다. 성년 된 세계가 창조주를 버렸듯이. 신판 용불용설인가?

2000년 4월 25일 (화)

김순화 전도사님이 다녀가셨단다. 지난 번 내가 투박하게 내뱉어 버린 말 때문에 복장이 터지려고 해, 막, 엉엉 소리 지르며 울며 기도하고 났더니 섭섭함이 싹 가셔 버렸다고 하시면서. 어머니를 위해 이런저런 음식을 손수 만들어 오셨단다. 과연 능력자란 말이, 허명이 아니었구나! 이틀째, 나는 탈진되어 무너져 있다.

2000년 4월 26일 (수)

독일 매부, 출국. 누님에 이어서 귀국하기로 스케줄을 잡았다고 말씀하심. 공항 로비에서 백화설화초, 라는 한약제가 간 질환에 좋다는 방송을 봤다며, 꼭 구해서 어머니에게 대접하라고 당부하심. 모든 귀와 눈이 한 곳에만 집중된 우리. 우리의 공동의 관심이 설사 기적을 창출해 내지 못한다 할지라도, 소중한 공동의 기억으로 남아 보다 두터운, 형제애, 가족애를 더 증진시키리라 믿어 의심치 않는다.

2000년 4월 27일 (목)

병원엘 다녀왔다. 어머니께서 너무 짜게만 드시려고 한다고 말했다. 짜게 든 뭐든, 한 숟갈의 미음이라도 더 드시도록 해야 하지 않겠느냐고 의사는 답했다. 복수가 찰 염려는 있지만.

2000년 4월 28일 (금)

장지 문제가 자연스럽게 나왔다. 평안북도 영변군 출신들만이 갈 수 있는 공동묘지 이야기가 나왔다. 오촌 당숙모를 이미 모셨고, 육촌 형님도 그리로 가셨다. 홍제동 누나는 함경도 길주 출신인 자형도 그리로 갔으면 해서, 그 묘지 관리인에게 한 자리 부탁했노라고 했다. 어머니도 그쪽으로 가실 자격이 있으시니까(선친께서 영변 출신이시므로) 그곳으로 모셨으면 어떻겠느냐고 나에게 물었었다. 홍제동 누나가 어머니 앞에서 자기네 이야기인 것처럼, 그런 저런 이야기를 나누자 내가 은근슬쩍 끼어들었다.

"목포 북교동 교회 묘지도 그렇게 좋다지요?"
"좋고 말고, 얼마나 좋다고야."

나는 더 이상 그 문제에 대해 언급하지 않았다. 나는 안다. 이모님도 계시고, 다정했던 성도들이 먼저 누운 곳. 그 남녘땅으로 가시고픈 어머니의 열망을. 그리고 죽어서까지 더 이상 관계 맺고 싶지 않은, 그 이북 사람에 대한 기억들에 대해서도.

2000년 4월 29일 (토)

미열이 가시지 않고 오르락내리락 하신 단다. 작은누나는 어머니의 입맛에 맞추느라 온갖 정성을 다하고 있다. 지난겨울부터 지금까지 거의 매일 티도 안 나게 적잖은 경비가 났을 텐데 장남으로서 미안하다. 내가 은근히 무기력한 염려를 늘어놓았더니, 자식들 공부시키는 데에 비교하자면, 어머니를 위해서 이 정도가 대수냐, 고 했다. 더 잘해 드리지 못해서 안타깝다며, 만일 회복될 수만 있는 병이라면, 그 무엇인들 못해 보겠느냐고 했다. 어머니에게 있어 딸의 존재란, 어머니 자신 그 자체다.

2000년 4월 30일 (주일)

어머니를 어디로 모시느냐, 라는 문제는 우리들 사이에서 한, 두 번 거론됐던 문제가 아니었다. 다행히 우리는 서로 내가 모시겠다는 욕심 때문에 늘 충돌해 왔었다. 오늘도 예외가 아니었다. 물론 당연히, 어머니 방이 있는 동생 집으로 가셔야만 하지만, 이젠 상황이 좀 달라졌다. 어머니께서 몸져누우신 후, 우리들은 동생 집에만 어머니를 내 맡기는 일이 온당치 못하다는 결론에 이르게 된 것이다. 그동안 그 집 살림을 도맡아 하셨던 어머니,

이제 자신의 건강마저도 감당하실 수 없는 어머니는, 이제 누군가가 어머니 곁을 분신처럼 지키며 보살펴 드려야만 하기 때문이다. 해서, 작은누나 집으로 우선 옮기셨는데, 동생이 도저히 이해할 수 없다는 것이다. 왜 어머니의 집 놔두시고, 이 좁고 불편한 곳에 계셔야만 하느냐는 논리였다. 당장 집으로 모셔 가겠다는 것이다. 독일 누나도 오시니까 누님이 오시면 넓고 편한 집에서 어머니를 돌봐 드려야 하지 않느냐는 말이었다. 틀린 말은 아니다. 허나, 그 말을 그대로 수용하기에는 보이지 않는 적잖은 염려가 형제들 사이에 내재되어 있었다. 해서 우리는 여러 각도에서 진지한 의견을 교환했다. 설왕설래를 하고 있는데,

"나도 여기가 좋아야." 어머니의 말씀이셨다.

나는 내심 그 말씀에 놀랐다. 세상에나, 어머니께서 저렇게 말씀하시다니, 우리들이야 물론 어머니의 병환의 심각성을 익히 들어 알고 있지만, 어머니의 입으로까지 사태의 심각성을 직접 확인하게 될 줄은, 난 미처 몰랐었다. 과연 정말로, 이젠 좀 쉬고 싶으신가 보다. 그간 얼마나 힘들게 사셨으면 여기가 좋다는 말씀을 하시는 건지, 그래, 이렇게 완전히 무너지시기 전까지만 해도 이미 무서운 병마에 시달리면서도, 그 무거운 쓰레기 봉지를 들고 아파트를 오르내리시던 희생적 장면이 떠올랐다. 그야말로 사력을 다한 헌신의 생이셨다. 그런데, 이젠 이 좁은 딸네 집이 좋단다. 작은 아들의 마음을 모르신 바가 아니실 것이다. 그러나 당신이 이제는 짐 되는 집으로 가시고 싶지 않으신 것뿐이실 게다. 부부가 함께 일이 있는 집에. 그것도 엄밀히 말해 자식

사랑의 또 하나의 다른 표현이시리라.

애석한 마음이 일었다. 늙고 병든다는 것에 대해. 우리 어머니처럼 온전한 희생을 치르신 분의 또 다른 희생의 선택이, 결코 자신의 공적을 내세우지 않는 자기 비움이 숭고하기까지 했다. 동생은 허탈해 했다. 심각했던 논쟁은 그렇게 싱겁게 결론이 나고 말았다. 그러나 당신을 사이에 둔 이런 줄다리기 경쟁은 불원간 다시 재기될 것이다. 우리 형제 그 누구도 어머니를 양보할 수 없을 것이기에, 그런 점에서 우리 어머니는 행복한 분이시기도 하다. 아주 많이.

2000년 5월 1일 (월)

독일 누나가 귀국했다. 연간 휴가 계획이 이미 꽉 짜여 있는 병원에서, 이렇게 갑작스레 휴가 계획을 변경하기까지 꽤나 힘이 들었었다고 말했다. 사표라도 던져야겠다는 비상한 각오로 협상에 임했단다. 살아 계실 적에 얼굴 한번 보는 것 보다 더 소중한 일이 어디 있겠느냐며 설득했단다. 뜻을 이루지 못한다면 평생 한이 될 거라고, 내가 이곳 먼 타국 땅에 와서 수십 년간 뿌린 눈물과 수고에 대한 보상이 되게 해 달라며.

어언 삼십 오년? 그간의 누나의 귀국. 그 횟수는 한 손으로도 족히 꼽을 수 있다. 첫 귀국이 십 수 년만이었으니까. 이번까지 합해 봤자, 겨우, 서너 번째인 셈이다. 얼마나 오고 팠던 고국이며, 보고팠던 어머니였겠는가? 그러나 누나의 그 피눈물 나는 절제와 인고의 세월은, 우리를 이만큼 성장시키는 큰 밑거름이

차마 마주 볼 수 없는 당신. 엄마가 눈부시다.

되어 왔었다.

"우리 지영이가 아들이었으면……."

종종 어머니를 그런 말씀을 하시곤 했다. 똑똑하고, 공부도 제일로 잘했고, 활달하고. 행여, 독일로 가면 간호사만이 아니라, 공부 할 기회가 생기지 않을까 여겨, 파독 간호사 대열에 섰었는데. 그 60년대, 범국민적 파송식에서도 대표로 답사를 했던 누나는 막상 그곳에 당도해 보니 자신의 꿈을 이룰 그 어떤 길이 보이지 않았었다고 말했다. 혼자 몸만 생각했었다면, 뭔들 못했겠는가마는 고국의 홀어머니와 어린 동생들은 그의 꿈을 가로막고 선 장벽이었던 것이다.

결국 그렇게 남아, 결혼하고 두 딸을 둔 엄마가 된 것이다. 그러나 이제 벌써 인생 육십을 바라보는 나이가 되어버렸지만, 훌륭한 가문과 인품을 지닌 전문 직업인인 매부와 의과대학에 진학한 두 딸을 둔 성공한 어머니요, 아내로서 삶의 보람과 긍지를 안고 살고 계신단다. 건강한 이들이 놀고먹는 일이 없는 그 땅의 근검절약의 정신과 분위기에 동참해, 지금도 파트타임으로 다니시던 병원에 근무하고 계신 것이다.

몇 해만인가? 병든 어머니를 끌어안는 누님. 설마, 우리 어머니가. 그러나 그 설마가. 누나는 우리 누구에게 어떤 추궁도 하시지 않으셨다. 단지, 니들 수고한다. 다행히 그 병은 다른 암에 비해 고통이 덜해, 라고 말했을 뿐이다.

2000년 5월 2일 (화)

하룻밤을 보내고 나시던 큰누나가 가락동, 동생네 집으로 가자고 했다. 활동하시기가 너무 불편하다시며. 어머니 수발을 자신이 하겠다고. 해서, 어머니를 모시고 한 달여 만에 돌아 온 당신의 집. 어느 시인의 시구처럼 한번은 다 바치고, 이젠 불순물만 가득 채워 돌아 온 폐선 마냥. 그래도 어머님은 좋아 하신다. 내 집만한, 내 방만한 안식처가 그 어디 있겠는가?

막내 다섯 살 바기 평리가 할머니를 반색하며 반긴다. 당신의 분신. 저 녀석 키만큼 어머님이 줄어 드셨을 것이다. 그래도 어머니는 그 손녀딸이 제일로 사랑스러우신가 보다. 예전에 현저하게 건강에 적신호가 와서, 자주 드러누우시고, 작은 누님 댁에 계실 적에, 아니 최근 병원에 입원해 계시면서도 늘 어린 손녀딸 때문에 안타까워 하셨다.

우리가 어머니, "이젠 평리 염려 그만 좀 하세요. 그만하면 됐어요. 다 컸잖아요."라고 퉁명스럽게 면박을 해도 "그런 소리 마, 난, 우리 평리 밖에 없어." 라고 답하시며, 귀가가 늦은 엄마를 기다릴 손녀 딸 생각에 가슴을 졸이시며 애를 태우셨다. 그 아일 다시 만나신거다. 그 노년에 살뜰한 위안이었고, 한편으로 훨훨 날아 동네방네 떠다니시고픈 당신의 소망을 묶어 놓은 족쇄 같은 것이기도 했던 녀석을. 한 세대는 이렇게 오고, 한 세대는 그렇게 가는가 보다. 그래, 과연 그 순례 과정을 이렇게도 충실히 당신은 수행하셔야만 했을까?

"전도사님, 바보 짓 하지 마세요. 손주들 키워 줘 봤자. 다 필요 없어요, 다 필요 없어."

영악한 사람들이 그렇게도 훈수를 뒀건만, '어쩔 수가 없는 당신,' 다시 침대에 누워 잠시 잠이 드시나 했는데, 잠든 누나들을 깨우시며, 이렇게 촉구하신다.

"지훈 엄마야, 얼릉 나가 봐라. 평리 응아했는갑다이."

2000년 5월 3일 (수)

시차 적응도 채 안된, 고단한 독일 누나의 노하우를 다한 돌봄과는 무관하게 오늘 어머니는 극심한 열로 심히 부대끼고 계신다. 은밀히 숨죽이며 진행되던 흑암의 세력이 그분 안에서 다시 요동치는가 보다. 대책 없는 암 세포의 발호. 이 열만 좀 잡히면 살만 할 텐데, 어머니의 호소다.

2000년 5월 4일 (목)

건희 형 내외가 급거 상경했다. 어머니께서 목포에서 사역하시느라 홀로 지내실 때에, 친아들 이상으로 어머니를 돌봐 드렸던 믿음의 동지. 어떻게든 남을 배려하고자 하는 마음으로 사는 것이 생업이자 사명이신 분들. 없는 살림에 금쪽같은 물질을 쪼개내어 여러 맛난 먹거리들을 마련해 오셨다. 아, 참 오랜만에 맛보는 신선하고 상큼한 감태 맛. 청정 바다를 닮아 그리도 파란지. 만날 짭짤한 반찬에만 손이 가야 다소 다스려지는 비위 때문에 힘들어하시던 어머니께서 모처럼 시원한 갯내음에 향수를 달래시는가 보다.

2000년 5월 5일 (금)

친구들이 병문안을 왔다. 거실에서 한때, 꽤나 심각한 간 질환이 가져다 준, 깊은 실의 속에서 영적 각성을 새롭게 한 친구, 황 장로와 어머니 사이의 대화가 사뭇 진지하다. 아마도, 황 장로가 자신이 어떻게 그 두렵고 감당하기 힘든 병마와의 싸움에서 벗어 날 수 있었던가를 어머니께 소개하는 것 같다. 멀리 희미하게 드러나 보이는 어머니 얼굴 표정에서, 새 희망의 꿈이 한껏 피어오르는 것만 같다. 얼마나 만감이 교차하는 나날을 보내고 계시는 것인가. 말씀은 없으셔도, 생존에의 욕구가 얼마나 간절하시겠는가. 더군다나 이젠 자신의 의무를 십이분 발휘하시고, 이젠 정말로 자유스러워지시고, 여유로워진 이 행복한 시점에. 헌데, 이 같은 당신과 거의 비슷한 처지에 놓였던 이들의 그 환상적인 병마 떨치고 일어서기, 란 얼마나 당신을 전율케 한 것이었을까? 하루쯤은 새 희망의 환상에 젖으셔도 관계없겠지. 허나, 내 가슴은 심히 아려 온다. 그 소망이 부질없는 소망일 것이라는 우려 때문에. 부질없는 소망. 이 절망의 언어 앞에 나는 오늘 다시 한 번 눈물샘을 적신다.

2000년 5월 6일 (토)

어제에 이어 어머니는 은근히 더 큰 병원 이야기를 다시 하신다. 내가 어제 우리 나라에서 간 질환에 최고의 권위를 자랑하는 어느 병원 의사선생에게 어머니의 필름들과 의무 기록표 복사본 등을 보여 드렸고, 그분이 이 할머니 힘들게 더 이상 다른 병원에 모시고 가지 말고, 잘 보살펴 드리면 좋아 질 것이라고 전언해 왔다고 말씀도 드렸었는데도 말이다. 어제 품으신 부질없는 소망의 끈을 놓지 않고 싶으신가 보다. 실로 난감했다. 드러낼 수 없는 몹쓸 병마. 그래, 더 큰 병원이 아니라, 만의 하나 가능성을 발견했다면 그 어딘들 못 가겠는가? 이 시점에서 진실로 어머니를 돕는 길은 더 이상 어머니를 이 병원 저 병원으로 모시고 다니는 일을 앓기가 아니겠는가? 안타까워 애가 탔다. 갑상선 종양 때문에 얻게 되신 더 큰 병원에 대한 깊은 신뢰를 저버리시지 못하시는 어머니. 허나, 역설적으로 그 마지막 여지, 내 병을 고쳐 줄 수 있는 병원이 이 땅에도 있을 거라는 한 가닥 지니신 어머니의 미련. 그 소망의 동아줄을 한 가닥이라도 남겨 두는 것도 잠시라도 더 어머니를 지탱케 하는 한 힘이 되지 않을까 싶기도 하다. 내가, 우리가 다소 오해나 행여 있을지도 모를 당신의 섭섭함의 대상이 될지라도 말이다. 어떻게 감추며, 드러낼 수 있을까. 거짓말에 익숙지 못하고, 표정 관리에 능란하지 못한 나는 당신과 곡예사의 사랑을 은밀히 리허설하고 있다. 오늘도.

2000년 5월 7일 (주일)

모처럼, 저녁 시간에 가족회의를 했다. 주된 사안이 독일 누나의 출국 이후, 누가 어떻게 어머니를 돌봐 드려야 하는가, 라는 안건이었다. 먼저, 독일에서 귀국하시자마자 시차적응도 할 새 없이 하루 24 시간을 꼬박 어머님 곁에서, 자신의 평생 쌓은 간호역량을 온통 당신께만 쏟아 부어, 어머니의 큰 위로가 되었던 큰누나가 우리들에게 다음과 같은 당부를 했다. 딱 두 가지였다.

모처럼, 저녁 시간에 가족회의를 했다. 주된 사안이 독일 누나의 출국 후, 누가 어떻게 어머니를 돌봐 드려야 하는가, 라는 안건이었다. 먼저, 독일에서 귀국하시자마자 시차적응도 할 새

없이 하루 24 시간을 꼬박 어머님 곁에서, 자신이 평생 쌓은 간호역량을 온통 당신께만 쏟아 부어, 어머니의 큰 위로가 되었던 큰 누나가 우리들에게 다음과 같은 당부를 했다. 딱 두 가지였다.

· 틈나는 대로 어머니 방 문 열어 보기.
· 수시로 좀 어떠하신가 묻기.

일평생 우리들의 발자국 소리에만 귀를 귀울이고 계시다가, 버선발로 뛰어 나오시어 우리를 맞이하시던 우리의 어머니. 허나, 이젠 자신을 위해서도 스스로 문을 열고 나오실 수도 없을 만큼 쇠약해지신 분. 누나는 수시로 문 열어 관심을 쏟는 일보다 더 외롭고, 지친 어머님에게 힘이 되어 드리는 것이 없다고, 힘주어 강조하셨다.

말할 자격이 있다. 라는 말이 지닌 당당함과 위험성을 우리는 다시 한 번 절감했다. 어머니를 살갑이 다투어 돌봐 드린 두 누나들에게 우리 아들들과 자기 일을 가진 며느리들은 늘 아쉬움의 대상인 듯하다. 작은 누나와 동생 사이에 작은 충돌이 일었다. 사실 두 사람 다, 말할 자격이 있는 사람들이다. 막내면서도, 그 극심한 효심으로 어머니를 근 10년간, 오늘날까지 모셔 왔던 동생. 그러나 모시던 중 이렇게 끔찍한 병마가 어머니께 덤벼들자, 자연히 일정한 과녁이 될 수밖에 없었다. 어머니를 평생 가장 가까이에서 모신 딸로서, 신앙의 동지로서 한 몸처럼 지내 온 작은 누나. 그분만큼 어머니에게 있어서 소중한 대화의 통로가 그 어디 있었겠는가? 차마, 아들, 며느리들에게는 하실 수 없는 당신의 애로와 고충 그리고 어떤 아쉬움 등을 여과 없이 토로할 수 있는 대상이 작은 누나였다. 해서, 그녀는 다 알고 있다. 어머니를 다 알고 있어서, 모든 것은 알게 모르게 다 돌봐드려 왔다. 그런 점에서, 그녀만큼 '말 할 자격이 있는' 사람은 없다. 우리 중엔 없다. 세상엔 없다.

이 밤도 그랬다. 독일 누나의 절제된 언사를 뒤이어, 그녀가 포문을 열었다. 일장 논리 정연한 훈시가 있었다. 열풍이 일었다. 총론은 수긍하지 않을 수 없으나, 각론에서는 자의적 해석이 강했다. 격랑이 일었다. 그래도 마무리는 있는 법이다. 그녀가 마지막 한마디 결정구를 집어 던졌다.

"어떻게들 할 거야?"

입의 혀 같은, 독일 누나가 떠나면, 어떻게 누가 어머니를 24시간 간병하겠느냐고 했다. 작은누나는, 상계동에서 이 가락동까지 작년 말 어머님의 건강이 다소 염려되기 시작하자마자, 거의 하루도 빼지 않고 그 먼 길을 오고 가거나, 아니면 좁은 자신의 집으로 모셔 극진히 봉양해 오고 있었다. 그런 누나의 이런 추궁은 너희 아들들도 본격적으로 어머님에 대한 책임을 감당하라는 질책이기도 했다. 그리고 사실 연약한 누나도 이젠 거의 탈진할 지경에 이르렀던 것이다.

"파출부가 오더라도, 파출부가 일마치고 떠난, 그 이후 시간이 문제야, 문제. 미리 엄마가 집에 돌아오는 시간, 밤 11시경까지가. 오후 여섯시부터.”

모두들 난감해 했다. 일이 있는 며느리가 당장 그 일들을 손에서 놓을 수도 없기 때문이다. 낮 시간에는 작은누나가 무리에 무리를 거듭할지라도 아니면 사람을 사서라도 어떻게 해 볼 수 있지만, 동생 집의 경우는 특이하게도 저녁 시간대 그 대, 여섯 시간이 문제였다. 그렇다고 당장에 숙식 가능한 믿을 만한 사람을 구하기도 쉽지 않고 해서 말이다. 시간? 그래, 가진 것이 시간뿐인 내가 아닌가? 나는 긴급동의를 발했다.

“그 시간 동안 내가 책임지지.”

이렇게 할 말 못할 말, 다 늘어놓아 어머니 간병에 대한 평가와 점검과 대책이 마무리되자, 나는 분위기도 바꿀 겸, 내일로 다가온 마지막이 될 것만 같은 어머니날을 어떻게 의미 있게 보낼 것인가에 대해 상의해 보자고 했다.

5월 9일 오후 8시경에 어머니 날 모임을 갖기로 했다. 선물보다는 현찰을 드리자고 나는 제안 했다. 어머님께서는 그동안 자신에게 들어 간 병원비를 모두 자신의 힘으로 해결하셨다. 가급적 자식들에게 부담을 주지 않겠다는 의지가 매우 강하셨다. 그리고 이제 이 병상에서 생을 마무리하게 될 것이라고 예감을 하시는지, 어머니는 자신을 찾아오는 이들을 가급적 빈손으로 보내지 않으셨다. 해서, 그 동안 당신의 자녀, 친지들이 드리는 용돈과 교역자 연금 등, 물론 그리 큰돈은 아니었지만, 그래도 당신의 연세에 비해 적지 않은 물질적 수입이 있으셨으나, 항상 거의 빈손이셨다. 늙은이가 무슨 돈이 필요하겠는가? 라고 나는 막연한 생각을 했었는데, 어머니의 경우를 대하면서 물질의 효용성이란 이런 분들에게, 이런 자리에서 더 빛을 발하는 것이구나, 라고 깨달아 알았다. 해서, 가급적 선물은 간소하게 하고 보다 현금을 더 드리자고 제안했다. 어머니께서 돕고 싶은 이들을 다소라도 도울 기쁨을 드리자고. 시간이 한참이나 흘렀다. 어머니 방에서 기척소리가 난다. 큰누나가 얼른 어머니 방으로 뛰어 들었다.

"무슨 말들을 그렇게도 하냐?"

나 빼놓고 무슨 심각한 공모들을 나누고 있냐는 말씀으로 들렸다. 티 나게 한 식경이상이나 우리네들끼리만 어울리며 어머님을 어둠에 홀로 방치했던 것이다. 성가신 봇짐마냥, 어머니는 자신이 우리들의 짐이 되어 가고 있음을 눈치 채시는 만큼, 당신은 속히 우리 곁을 떠나려 하실 것이다. 그런데 우리는 이 밤 또 들키고 말았다.

전략(前略)
어머니가 누우시면서 거실 바닥의
먼지도 뽀얗게 잘 보였다.
마당의 잡초는 왜 그렇게 쉬 자라고,
쉬임없이 나는지 알 수 없다. 〈이재운, 어머니와 할머니〉

2000년 5월 8일 (월)

다소 성급하고 어머니에게 무례한 일이 아니었나 싶다. 목포 북교동 교회로 전활했다. 얼마 전에 간접적으로 확인한 어머니의 뜻을 행여 늦기 전에 이루어 보려고. 장지문제다. 무례한 일인지는 모르나, 성급한 것은 결코 아닐 것이다. 왜냐하면, 지금부터 한 10년 전에도 장지 문제가 어머니의 입에서 먼저 거론된 적이 있었기 때문이다.

"북교동교회 묘지, 참 좋아야. 그 교회 권사님들이 전활했는디, 묘지를 판단다. 내 것도 좀 사놨으면 쓰것다."

그때 나는, 그런 말씀이 귀에도 들어오지 않았다. 어머님이 저렇게 건강하시고, 자녀들이 다 서울에 와 사는데 다시 그 멀리까지 되돌아간다는 것은 상상할 수 없었기 때문이다. 그래서 어머니 말씀에 대해 대충 얼버무렸었다. 그런데 정작 어머니의 임종이 그리 멀지 않다는 사실을 의식하면서, 나는 어머니의 의중을 다시 확인하고 싶었다. 그래서 얼마 전에 어머니의 의사를 간접적으로 타진해 본 것이다. 그리고 우리 형제는, 이제 어머니가 원하시는 곳으로 모시자고 결정했었다. 해서, 목포로 전화를 넣었다.

원로 김일환 장로님께서 반가이 전활 받으셨다. 우리 어머님과 갑장이라시며, 당연히 이리로 오셔야 한다고 말씀하셨다. 우리 어머니의 사역을 적극적으로 도와 주신 고마운 어른이시다.

눈에 넣어도 아프지 않을. 까르르 동리와 할머니

고정훈 장지 담당 시무장로님과 연결도 됐다. 알고 보니 우리 외가로 먼 친척 형님이시다. 내규가 보다 엄격해졌지만 전납실전도사님의 경우는 다르지 않겠느냐고 했다. 김정 담임 목사님께도 어머니의 의사를 전했다. 현재 그 유족들이 본 교회에 출석하는 성도로 한 한다고, 내규를 개정한지가 얼마 되지 않았다며 그런 점은 감안하고 있으라고 법적 한계도 소개하셨다. 당회를 열어 의사를 타진해 보겠다고 하셨다. 안 되신 일이 없으셨던 어머니. 안될 일, 또한 없을 것이다.

2000년 5월 9일 (화)

근 35년여 만에 당신의 자녀 손들이 다 모였다. 마지막일지 모를, 아니 마지막일 것이 거의 확실할 것만 같은 어머니날을 축하하고자. 모두들 모였다. 35년 전, 이야기도 나왔다. 그 옛날이야기가 왜 나왔는가? 그 이야기는 우리 모두의 기억 속에 있던 가장 최근의 이야기이기 때문이다. 왜냐하면 우리 모두가 무엇인가를 기념하기 위하여, '모두' 다시 모인 것은 35년 만에 처음이었기 때문이다.

그러니까 지금부터 35년 전, 내가 중학교 학생이던 시절, 큰누나는 고등학교를 졸업하자마자, 가족을 위해 독일 간호사로 떠나기로 확정되어 있었다. 바로 그해 추석이었다. 어머니는 품안의 자식으로서의 너희들과 함께 보낼 마지막 추석이 될 거라시며, 없는 살림에도 최선을 다해 추석을 함께 준비하게 하셨다. 그때 우리 형제자매들이 한상에 둘러 앉아 오순도순 송편을 빚던 이야기를 우리는 다시 나누었다. 요강도 만들어 넣었는데, 누군가 그 요강은 홀엄씨(홀어머니) 요강이라고 지칭해 까르르 웃었던 기억들을 회상해 내며 우리는 다시 웃음을 지었다.

그러나 이제 당신이 머지않아 훌쩍 우리 곁을 영원히 떠나시기로 확정되어 있는 오늘. 우리는 더 이상 홀엄씨 요강을 빚지 않았다. 대신, 당신은 자신이 모처럼 곱게 차려 입으신 분홍색 비단 한복을 다독거리시며, 유언처럼

"나 죽으면 이 옷 입혀 주라."는 말만 들었을 뿐이다.

이제 수의를, 홀엄씨 요강 대신.

"엄마는? …… 참." 이런 말이 이구동성으로 우리들 입에서 터져 나왔지만, 우리가 엎드려 드린 만수무강의 절은 다시 일어서기가 그렇게도 힘든 최초의 절이었다.

"금년엔 시집가라."

외손녀에게 보내신 덕담 속에, 우리는 당신의 한계를 선명히 들여다보았다. 단지 염원일까? 나는 얼른 부정했다. 아니다. 그렇다. 당신은 그 날까지는 살아 계실 것이다. 살아 계셔야만 한다. 최초로 보내는 외손녀의 혼인절차에 적극적으로 개입하실 것이다. 어떻게든.

"하나님이 기뻐하시는 목사가 되라."

그렇다. 이새의 아들 다윗을 보니 내 마음에 합한 자로다, 라는 말씀이 내 안에서 이루어지길 평생 기도해 오신 나의 어머니. 당신은 이제 곧 가실 것이다. 그러나 내가 하나님께서 기뻐하시는 목자로 서는 그 날까지, 내 곁을 지키실 것이다. 끝내 나를 그런 평가를 받기에 합당한 목자로 인도하실 것이다. 나는 순간 그렇게 믿어졌다.

2000년 5월 10일 (수)

병문안 오신 분 가운데 어느 한 분이 어머니께 이렇게 물었다. 모처럼 먼데 자녀들과도 함께 계시고, 보고픈 이들도 이렇게 드나들고 하니, 기분이 좋지 않으시냐며,

"전도사님, 기분이 좋으면 몸이 좀 가벼워지시죠?"라고.

그런데,

"아니, 그렇지 않아, 몸이 좋아야 기분이 좋아,"라고 대답하신 것이 아닌가.

정말, 뜻밖이었다. 나는 어머니께서 당연히, 그래요, 기분이 좋으니 몸도 한결 가벼워진 것 같네요, 라고 답하시리라 생각했었기 때문이다. 그런데 내 귀를 의심할 정도로 내가 평생 들어보지 못했고, 해서 전혀 상상 해조차 본 적이 결코 없는 생경한 대

답이 어머니, 우리 어머니(그 어떤 어머니이신가?)의 입에서 나왔다는 사실이 처음에는 믿어지지가 않았다. 반신반의했다. 육체의 건강이 정신의 건강이라니. 어머니의 그 강인한 정신력. 아니 태산이라도 평지 되게 하실 영력. 그런데, 몸이 좋아야 기분이 좋으시다니. 육신에 져서 육신대로 살 것이 아니라, 시던 당신이 아니셨던가? 순간, 나는 내가 굳게 신봉해 왔던, 어머니의 절대적 신앙관에 대한 나의 강철같이 견고한 기대가 내 안에서 허물어지는 것을 느꼈다.

그렇구나, 육은 육이요 영은 영이라지만, 육신도 영만큼 정신을 지배하고 있구나. 그래, 예수님께서도 십자가상에서 "내가 목마르다"고 하셨다지. 허나, 설령 십자가상의 예수님께서는 목마르실 수 있어도(?), 우리 어머니께서만은 어떠한 경우에도 목마르시지 않을, 않으실 분이라고 나는 평생 굳게 믿어왔던 것이 아닌가? 사카레이의 표현대로, 모든 자녀들의 신(神) 이신 어머니에 대한 나의 유일 신앙(?), 내 원리주의적 가치관에 큰 혼란이 일었다.

문득 내 청소년기의 기억 속의 한 장면이 떠올랐다. 그러니까, 내 까까머리 중학생 시절. 그 어느 한 날 밤, 손님 한 분이 우리 집엘 다녀가셨다. 그 다소곳한 여인네는 이내 떠났고, 그 빈 자리에는 봉지하나가 대신 자리하고 있었다. 얼른 펼쳐 봤더니 찐빵이었다. 맛난 앙꼬가 듬뿍 박힌 따끈한 찐빵. 근 십여 개 가량 됐었을 거다. 한입, 두입, 나는 어머니가 그 손님 배웅하러 잠시 나가신 사이에, 야금야금 혼자서 그 찐빵을 다 먹어 치워 버렸던 것이다. 이내 다시 방에 들어서시던 어머니께서는 그 빵이

한 평생을 나만을 위해 사셨다고 해도
무언이 아니셨던 당신.
단 한 번도 엄마 품에서 떨어져 본 적이 없던 나.
아이는 자랐으나, 자라지 않았습니다.
어머니, 이제라도 내 앞에서 마음껏 아파하십시오.
이제라도 맛난 것 먼저 챙겨 드십시오.
이젠 너무,
너무도 늦어 버렸지만 말입니다.
어머니.

하나도 남겨져 있지 않음을 목도하시곤, 이렇게 한마디만 던지셨었다.

"벌써 다 먹어 버렸냐."

내가 왜 그랬었을까? 철들만한 나이였는데도. 그것은 아마도 내 무의식 속의 어머니는 모든 것이 늘 괜찮고, 뭘 안 드셔도 너끈히 사실 수 있는 분이라는 생각이 자리 잡고 있었기 때문이었을 것이다. 이를테면, 떡의 유혹을 단호히 거부하신 광야의 예수처럼. 우리 엄마는 말씀만으로, 예수 한 분만으로 만족하는 특별한 사람으로만 여겼기 때문이었을 것이다. 그런데 이제야 다소 이해할 것 같다. 왜 우리 어머니께서 그토록 간절하게도 그 칙칙한 예배당에서 '내 궁핍함을 아시고 늘 채워 주시네' 라는 찬송을 밤새 애절하게 목놓아 부르시곤 했었던가를. 그리고 이 순간 어머니는 이렇게 나에게 말씀하고 계신 듯하다.

"성찬아, 나도 그 찐빵을 먹고 싶었어, 먹을 수 있었어"라고.

그래, 당신도 육신을 지니신 분이셨구나, 분이시구나. 당신도 인내의 한계가 있으셨던 분이셨구나, 분이시구나. 그런데도 나는 한 평생 어머니께 일방적으로 당신의 나에 대한 초인적인 인내만을 강요하며 살아 온 것이다. 초인적인 헌신만을. 그래서 이 아들에 대한 인내, 그 인내의 한계를 이제는 더 이상 견뎌내지 못하시고 저렇게 무너지신게로구나. 해서, 애간장이 타버린 무서운 병을 얻으셨구나.

한 평생을 나만을 위해 사셨다고 해도 무언이 아니셨던 당신. 단 한 번도 엄마 품에서 떨어져 본 적이 없던 나. 아이는 자랐으나, 자라지 않았습니다. 어머니, 이제라도 내 앞에서 마음껏 아파하십시오, 이제라도 맛난 것 먼저 챙겨 드십시오, 이젠 너무, 너무도 늦어 버렸지만 말입니다.

어머니.

역사와의 만남

어머니는 흐느끼셨다. 몸져누우신 이후, 최초로 보이신 눈물이다. 그 어떤 성님인가? 그 어떤 동숭(동생)인가? 한(恨)많은 세월, 그 애통하고, 절통할 사건들에 대한 공동의 기억을 절절히 공유하고 있을 두 여인. 이름하여 역사와의 만남이다.

역사와의
만남

2000년 5월 11일 (목)

석탄일이다. 철이가 결혼을 했다. 외사촌 누나의 아들. 반평생을 앉아서만 지냈던 하나꼬(花子) 누나는 삼남매를 저렇게 훌륭하게 키워 놓고는 살짝 먼저 갔다. 바로 3개월 전에. 자형은 몹시 안타까우신가 보다. 결혼 생활 내내, 이인삼각(二人三脚)으로 살아야 했던 불편을 오히려 반기듯, 그림자 같은 헌신을 즐겨 살았던 남편이었기에 더더욱 그런가 보다. 부산에 살고 계시는 외숙모님께서 올라 오셨다. 결혼식에 참석차, 어머니를 만나시고자. 연세가 세는 나이로 여든 하나시란다. 아직도 정정하시다.

"동숭, 이게 뭔 일이당가? 당췌 뭔 일이여어."

"성님……."

어머니는 흐느끼셨다. 몸져누우신 이후, 최초로 보이신 눈물이다. 그 어떤 성님인가? 그 어떤 동숭(동생)인가? 한(恨)많은 세월, 그 애통하고, 절통할 사건들에 대한 공동의 기억을 절절히 공유하고 있을 두 여인. 이름하여 역사와의 만남이다.

어머니에게는 하늘같이 의지하던 두 오빠가 있었다. 온 집안이 전 씨 가문의 인물이라며 기대를 한 몸에 걸었던 분들. 헌데 동족상잔의 비극은 남의 일만이 아니었다. 비껴 갈 수가 없었기에 그들은 한 민족이었다. 우익 활동을 하시던 두 분 삼촌은 불행히도 한 날 한 시, 함께 빨갱이들에게 붙잡혀 갔다. 지금부터 몇 해 전, 재일 조총련계 거두의 어떤 음모와 약력이 공중파 방송을 탄 적이 있었는데, 어머니는 바로 저 사람이 우리 오빠들을 끌고 간 사람인 듯하다고 말씀하시기도 했다. 끌려 간 두 남자들은 돌아오지 않았다. 큰 오빠이신 어린 하나꼬 아빠도, 둘째 오빠이신 외숙모님의 남편도 끝끝내. 졸지에 생과부가 된 아낙들의 한 많은 세월은 누구에게도, 무엇으로도 보상받지 못한 채, 이렇게 반 백년이 흘러 버린 것이다.

"그 징헌 놈의 시상."

일찍 아버지를 잃은 나도, 외숙모님이 입만 벌리시면 내뱉으시던 그 완증하고, 소증한 세상. 그 징헌 놈의 세월을 피부로 느끼며 살았었다. 우리 형제들은 방학만 되면, 외조부모님이 계시는 저주받은 섬 암태도로 향했다. 굶어도 함께, 먹어도 같이. 우리는 철저한 동맹군이었다. 먼발치에 놓인 동구 밖을 망연자실 바라보며, 장죽에 군불을 피우시어, 생떼 같은 자식들을 잃어버린 통한을 안으로, 안으로만 삭이시던 할아버지. 어머니는 니 할아버지는 홧병으로 돌아가셨어야, 라고 말씀하시곤 했다.

우리는 마당에 멍석을 깔고, 냉갈을 피워 깔따구를 쫒던 여름밤을 기억한다. 가마 한 솥 보리밥을 부삽만한 주걱으로 휘저으시던, 남편 잃는 아낙네의 속 적삼은 땀 반, 눈물 반으로 촉촉이 젖어 내렸어도, 열 대여섯 남짓한 우리 외가 친척 형제자매들은, 서로 한 숟갈이라도 더 퍼먹으려고 아우성이었다. 한번은 모처럼 닭죽을 쒔는데, 장형과 티격태격하던 둘째 봉식이 형은 닭죽을 뒤집어 엎어 버리고는, 그 길로 무작정 상경을 감행해 버리기도 했다.

어느 해, 여름 더위를 피하느라, 우리 어머니의 하나 뿐인 언니, 그 이모님의 아들 동갑내기이나 한 학년 위였던 태주 형과 나는 외가 앞마당에 있던 구시 나무를 올라타고 앉아, 말 달리는 몸짓을 해대며, “어떤 사람은 재수가 좋아서 아랫목에다 촛불 켜 놓고, 으랏차차 으랏차차 아들 났다네,” 라는 당시 입에서 입으로 전해지던 노래를 그 깊은 의미도 모른 채 불러재끼곤 했다. 그럴 때마다, 외숙모님은 홍조를 띠신 얼굴에 가득 찬 웃음으로, 우리의 익살을 더 부추기셨다. “으랏차차 으랏차차 아들 났어? 아들? 허어.” 우리는 더욱 신나, 한 여름을 울어대는 고목나무의 매미처럼 내내 그렇게 떠들어댔다. 감히 드러낼 수 없는 십 수년의 한을, 단 한 철, 이 여름에 다 토해내는 매미 군단의 애절한 사연을 전혀 눈치 챌 수 없었던 철부지들은, 그렇게 당신들의 상처 난 여름을 덧나게 했었다.

오늘은 이상한 날이다. 잔인한 날이기도 하다. 역사에는 거짓은 그래서 없는 것일까? 어머니의 첫 눈물을 목도한 오늘은 좀 특별한 날임에 틀림없다. 저녁에 지난 어버이 날 미처 찍지 못한 사진들을 찍자고 동생이 나섰다. 어머니의 영정 사진을 염두에 둔 몸짓이었다. 그동안 우리는 어머니께서 이렇게 급작스럽게 어려움을 당하시리라고는 전혀 예상 할 수 없었기 때문에, 어머니의 영정 사진으로 쓸 만한 사진을 확보하지 못하고 있었다. 하지만, 이제는 더 이상 지체할 수 없었다. 어머니께서도 그리 불편해 하지 아니하시고 순순히 응하셨다. 그러면서 우리는 모두 함께 이런 저런 제목을 붙여 사진들을 찍었다.

그렇게 부산스럽게 움직이던 중, "홍제동 고모만 왔으면 다 온 건데" 라고 우리 집 막내 딸, 초등학교 6학년생 나리가 무척

아쉬운 듯 말을 내던졌다. 이 말 끝에 자연스럽게 홍제동 누나에 대한 이야기들이 나왔다. 그 인정 많은 누나, 어서 복 많이 받고 사셔야 할 텐데, 라고들 한마디씩 거들었다.

그러다가 누군가가, "참, 옥선이 언니 나이가 몇 살이지?" 라고 묻자, 작은 누나가 "아마 예순 대 여섯 살 됐을 걸" 이라고 대답했다.

그런데 그것이 화근이었다. 옆에 주르르 앉아 있던 아이들 가운데 한 녀석이 이렇게 반문했다.

"고모, 고모, 홍제동 고모 나이가 예순도 넘었어? 그렇담 할머니하고 나이가 몇 살 차이지?"
"……."

우리들은 순간 할 말을 찾지 못했다. 그러자, 그 애들 중 한 아이가, "할머니 나이가 일흔 아홉이시니까, 응…, 그렇담, 할머니가 열 몇 살 때 애를 낳았단 말이야? 열 몇 살 때?" "그럴 수도 있지 뭐."

나는 얼른 이렇게 얼버무렸다. 그러나 아이들은 이해 할 수 없다는 표정이었다.

그렇다. 현재 진행형으로, 어머니의 뱃속에서 나온 자식들은, 4남매다. 독일 누나를 맏이로, 작은누나 그리고 나, 막내 남동생

이렇게 2남 2녀, 사 남매 말이다. 그러나 우리는 어머니와 무관한 누나가 한분 계신다. 그것도 큰 누나다. 거기에 바로 거기에 어머니의 한과 운명 그리고 하늘의 섭리가 깃들어 있다.

어머니는 단정한 처녀의 몸으로 시집을 갔었다. 외할아버지가 만주를 오고 가시다가, 함경도 흥남에서 인쇄업을 경영하며 돈도 잘 벌고, 멋지고, 건실한 청년을 만나셨단다. 딸 둔 아비로서 그 청년이 탐이나, 고향으로 돌아와 그 먼 땅으로 막내딸을 출가를 시킨 것이다. 남편 하나 믿고 그 바람찬 흥남 부두로 시집을 가신 어머니는 한동안 신혼의 단 꿈에 젖어 행복하게 사셨단다. 그러던 어느 날 어머니는 시집 식구들의 오가는 이야기 끝에, 아버지가 이미 고향 평안도 영변 땅에서 어린 나이에 혼인하여, 아내와 딸과 아들을 두고 있었다는 사실을 알게 되었다는 것이다. 억장이 무너지는 이야기였을 것이다. 그런데도 어머니는 그 충격을 묵묵히 견뎌내셨단다. 물론 그 시대에는 어린 나이에 마음에도 없는 결혼을 강요받았던 이들이 홀로 대처에 나가 살다가, 자신의 마음에 드는 색시를 골라 다시 가정을 꾸리는 일들이 더러 있었던 시기였기는 했다. 하지만 당사자들에게는 결코 용납되기 힘든, 수용하기 힘든, 견디기 힘든 일이 아니었겠는가? 그러나 어머니는 대단히 너그러우신 분이셨음에 틀림없다. 친정 아버지에 대해서도, 남편에 대해서도. 그리고 명절 때가 되면, 아버지가 두고 온 그 자식들에게도 옷가지 등속을 보내자고 아버지를 설득했을 정도였다니까 말이다.

영변 태평 고을 풍헌(風憲)이셨던 조부를 어린 나이에 여의자 기울어지던 가문. 선친과 나이 차이가 상당하셨다는 백부께서는 독립운동에 몸담아 혈육도 남기지 않으신 채, 일찍 고향을 등지고 타관으로 떠나 버리시고, 고모들은 출가해 버려 달랑 혼자 남아, 작은 집의 보살핌을 받다가 집안 어른들의 강제된 혼인을 하게 되었고, 자식 둘이 된 시점에 훌쩍 홀로 대처로 떠나오신 것이다. 그리하여 자리 잡은 흥남에서 당신에 대한 아무런 예비 지식이 없으셨던, 저 남도 사람 외할아버지를 만나셨던 것이다. 그런 이유로 결혼 후, 어머니께서 시댁 동네에 가보고 싶다고 하셨지만, 그때마다 선친께서는 나중에 데려 가겠다고 하시고는 한 번도 고향에 데리고 가지 않아, 어머니는 시댁 영변 땅을 한 번도 밟아 보지 못하셨던 것이다.

그런데 그 한 번도 보지 못했던 남편의 큰딸이 6.25 동란 통에 남으로 피난 내려 왔고, 동란이 끝난 한참 후에, 다 장성하여 아버지 앞에 나타났던 것이다. 그 누구도 가해자가 아닌 어머니와 아버지의 큰 딸 옥선 누나. 이들은 서로를 친 어머니와 친 딸 이상으로 서로를 위하며 살아 왔다. 그러나 우리에게 입도 벙긋 안하셨지만, 어머니는 타인들의 오해를 한 몸으로 견디셔야만 하셨으리라, 우리는 짐작한다. 같은 교회 성도들 사이에서나, 심지어는 친족들 사이에서도 마치 어머니가 아버지의 형편을 다 알고도 무슨 약점이라도 있어 혼인했던 것으로 말이다. 느닷없이 나타난 딸 아닌 딸. 그러나 어머니는 그 누구 앞에서도 괘념치 않으셨다. 그것은 진실이 뒷받침해 주는 당당함의 표출이었을 것이다. 그러나 여자일진데, 어찌 그런 사실이 억울하거나, 힘들지 않았겠는가? 우리들도 쉽지 않은 부분이 더러 있는데 말이다.

이 밤 우리는 선친께로부터 하나의 과제를 인계 받은 것이다.

당신의 어린 손녀딸들의 심각한 논쟁이 드러내고 있는 바처럼. 과연 그 진실을 어디까지, 언제 밝혀야 할 것인가의 문제가 말이다. 머지않아 우리는 어머니의 묘비에 각인해야 할 이름자들에 대해 어떤 입장을 표명해야 할 것이기 때문이다. 정녕 이 문제에 대한 지혜로운 해결 방안, 그 신중한 모색이 이제 우리 앞에 놓여 있다.

2000년 5월 12일 (금)

"물이 조금 찼어요."

주치의는 드디어 복수가 찼다고 고지한다. 예정된 시간표대로 진행되고 있다는 말이다. 요 며칠 사이에 어머니는 허리춤을 붙들어 매지 못할 정도도 현저히 배가 부푼 상태셨다.

"짜게 들지 마세요. 복수가 빨리 차게 돼요."

"비위가 돌아서 그래요. 통 입맛도 없는디, 비위가 받쳐서 짠 것만 찾게 돼요."

"그래, 그러시겠죠. 입 맛 때문이라면 어떡합니까? 그래도 뭔가를 드셔야만 하니까 그렇담 그냥 짜게라도 드세요."

"뭘 좀 먹고 나도, 소화가 전혀 안되고, 당췌 끌어당기지가 않아, 속에서 거부해."

'속에서 거부해'

나는 한 때, 일부러라도 드시라고 강권했었다. 간에 문제가 있다는 판정을 받기 직전에 나는 춘천 의암호 호변에서 참붕어를 구해다가 달여 들이며 억지로라도 드시라고 권유했었다. 그런데 그만 탈이 나서 어머니께서 곤혹을 치르시기도 했었다. 그러나 그 후에도 나는 억지로라도 사람이 먹을 수 있는 것이 아니냐는 생각을 줄 곧 가져왔는데, 의사 앞에서 호소하는 어머니의 이 말씀 '속에서 거부해', 라는 말을 듣는 순간, 아차 싶었다.

'속에서 거부 해'

아, 내가 큰 실수를 했구나, 무례를 범했구나 생각했다. 왜 먹을 수 있다면 안 드시겠는가? 안 드신 것이 아니라 못 드시는구나. 그러니 일부러라도 드시라는 말은 욕이다. 욕. 아주 심한 욕. 무서운 병. 그 모든 것을 거부하도록 윽박지르는 몹쓸 병. 그렇게 음식을 못 들게 해서 사람을 무너뜨리는 것이구나. 어리석은 나는 오늘에서야 그 무서운 병마의 음모를 눈치 챘다. 그러나 너무 늦었다. 드실 수 있을 때, 맛나고 기름진 음식을 대접하지 않은 못된 자식에게 그 병마는 빼저린 보복을 하고 있는 것이다. 맹한 미음 대여섯 숟갈 아니면 기껏해야 밥 두세 숟갈이 한 끼니이신 당신. 그것도 소화시키지 못하시는 육신. 먹은 것 없이 부른 배를 내밀며 걸어야 하시는 당신. 두어 시간 병원 나들이에도 탈진해 무너지시는 어머니. 그런 몸이지만, 오늘도 어머니는 중국에서 유행한다는 어떤 체조 같은 몸짓으로 생존에의 의지를 불태우고 계신다. 속에서 거부해 버리면, 그 어떤 방법도 없다는 것을 모르신 채.

2000년 5월 13일 (토)

두려움과 기대. 도대체 왜 이런가? 뭐가 그리도 문제가 있기에 더 나아지는 것 같지가 않는지? 병원엘 다녀왔는데도, 얼마나 당신의 상황이 안 좋으신지, 확실히 알고 싶어 하시는 것이 역력하다. 또한 우리도 구체적으로, 사실대로 어머니께 당신의 병명과 상태를 일러 드리는 것이 어떻겠느냐는 의견을 수시로 나누어 오고 있었다. 그래서 오늘 독일 누님께서 뭔가 약간의 암시가 밴 언질을 어머니께 드렸다는 것이다. 그러나 어머니는 자신의 병이 그렇게 악한 것인지를 전혀 눈치 채지 못하고 계신 것만 같다. 단지, 간이 좀 굳어 있는 정도로만 알고 계신 듯하다. 작은누나가 이렇게 말했다.

"이쯤해서, 엄마한테 사실대로 말씀 드리지. 그래야 마음의 준비도 하시고, 정리할 것 정리하시고. 엄마가 신앙으로 극복하고 마무리하시게."

그러나 결론은 마찬가지였다. 시간이 지나면 몸으로 다 느끼실 것인데, 구태여 그 몹쓸, 입에도 담기 어려운 병명을 뭐하러 일러 드려야 하느냐는 것이었다. 그리고 그 무서운 병명을 꼭 알고 돌아가셔야 할 이유도, 전혀 없지 않느냐, 라고들 결론지었다. 지당하다. 병명을 알려 드려야만 어머니께서 자신의 현실을 받아 들여, 자신을 정리하실 것이라는 생각은 어머니를 모독하는 것이 될지도 모른다. 우리 어머니는 자신의 남은 생을 잘 마무리를 잘하실 것이다. 병상에서도 자신의 남은 사명을 온전히 이루실 것이다. 승리하실 것이다. 그 일을 위해 기도하자. 자연스럽게 기도로 만나자. 만나서 다 털어 놓자. 위로자 성령님이 중재하시는 기도 가운데. 성령님은 이렇게 말씀하시겠지.

"납실아, 나의 착하고 충성된 종아. 넌 지금 네 사명의 마지막 불꽃을 태우는 중이란다. 네가 이룰 사명 가운데 제일로 힘들고 어려운 마지막 일. 이렇게 잔인하게 널 사르지 않으면, 절대로 녹아내릴 수 없는 물건들. 반드시 녹여 버려야할 인간들. 넌 너의 마른 육체, 그 한 톨 세포까지 한 잎 남김없이 사명을 위해 태우고 있는 중이야. 그건 절대로 형벌도 저주도 아니야. 실상은 축복이지. 은혜지, 특별한 은혜. 감사해라. 그러므로 견고하며 흔들리지 마라. 너의 수고가 주안에서 결코 헛되지 아니할 것이다. 죽도록 충성해라. 그리하면 생명의 면류관이 바로 네 것이란다. 끝으로 한 가지 내가 너를 도우마, 너를 굳세게 하마, 나의 의로운 오른 손으로 너를 붙들어 주마. 힘내" 라고.

2000년 5월 14일 (주일)

반가운 성도들이 어머니를 찾았다. 두 번째 눈물이다. 한동안 말없이 허공만을 응시하시는 어머니의 눈자위가 촉촉해졌다. 섭섭하여 우시는 건가. 즐겨 부르시던 찬송 가사처럼.

예수 예수 내 주여 섭섭하여 울 때에

눈물 씻어 주시고 나를 위로 하소서 ♬

자연스럽게 찬송이 터져 나왔다. 모두들 눈물을 머금은 채, 두 주먹을 불끈 쥐고는 힘차게 찬송을 불러 댄다. 목사님, 예배 드려요, 누군가가 예배 인도를 요청했다. 나는 그동안 공개적으로 어머니를 위한 예배를 드리지 않았다. 사실 나는 기피했다. 자칫하다간 영결 예배 같이 되어 버릴 것만 같아서, 예배의 진정성이 당신의 아픈 부분을 행여 건드리게 되지 않을까 싶기도 해서. 그냥 덮어 두고 가자는 식으로 나는 어머니를 위한 예배를 드려오지 않았다. 그러나 오늘은 회피할 수 없었다.

나의 기쁨 나의 소망되시며 나의 생명이 되신 주
밤낮 불러서 찬송을 드려도 늘 아쉰 마음뿐일세
나의 진정 사모하는 예수여 음성조차도 반갑고
나의 생명과 나의 참 소망은 오직 주 예수뿐일세 ♫

연이어 지금까지 지내 온 것(460장), 잠시 세상에 내가 살면서(544장) 등을 불렀다.

잠시 세상에 내가 살면서 항상 찬송 부르다가
날이 저물어 오라 하시면 영광중에 나아가리
열린 천국 문 내가 들어가 세상 짐을 내려놓고
빛난 면류관 받아쓰고서 주와 함께 다스리리 ♫

성경 말씀을 봤다.

"그러므로 우리가 낙심하지 아니하노니 겉 사람은 후패하나 우리의 속은 날로 새롭도다 우리의 잠시 받는 환난의 경한 것이 지극히 크고 영원한 영광의 중한 것을 우리에게 이루게 함이니 우리의 돌아보는 것은 보이는 것이 아니요 보이지 않는 것이니 보이는 것은 잠간이요 보이지 않는 것은 영원함이니라 고린도후서4:16-18."

"내가 선한 싸움을 싸우고 나의 달려갈 길을 마치고 믿음을 지켰으니 이제 후로는 나를 위하여 의의 면류관이 예비 되었으므로 주 곧 의로우신 재판장이 그 날에 내게 주실 것이니 내게만 아니라 주의 나타나심을 사모하는 모든 자에게니라 디모데후서 4:7."

말씀이 시작됐다. 나는, 먼저 어머니께 이렇게 물었다.

"어머니, 하나님의 절대 주권을 믿으십니까?"

어머니는 그분의 절대 주권을 믿는다고 하셨다. 나는 바로 그 신앙고백이 어머니에게 제일로 중요한 시점이라고 말씀 드렸다. 이미 찬송이나 성경 말씀을 통해, 목사인 아들로서 나는 어머니께 일관된 메시지를 이미 전해 드렸다고 생각했기에 그 말씀이나 찬송들의 배경에 대한 해설은 생략했다.

"절대 주권을 믿으신다면, 하나님께서 우리를 어떤 형편이나 처지에 놓이게 하실지라도 우리는 오히려 감사하며, 그 사건 속에 감추인 하나님의 깊으신 뜻과 은혜를 거부하지 않는 성도가 되어야 할 것입니다" 라고 말씀 드렸다. 우아하고 품위 있는 신앙의 어머니로 생을 마감하시는 당신이 되길 빈다고도 했다.

예배 후, 돌아서서 나는 가슴을 쳤다. 왜 나는 이렇게 잔인한가? 왜 지푸라기라도 잡으시려는 어머니의 팔목을 잡아 뿌리치는가? 나의 전능하신 하나님은 어디 계신가? 과연 나는 잘하고 있는가? 그 잘하고 있다는 것이, 작전을 수행하는 지휘관의 충일한 냉철함만이 아닌가? 어머니는 섭섭하셨을 것이다. 그분께만 아니라, 아들인 나에게 자신을 포기해 버린 아들 목사에게. 어머니 용서하소서.

2000년 5월 15일 (월)

내가 자리를 비운 시간에, 김순화 전도사님께서 불같은 은사자를 데리고 오셨단다.

"돌아가지 않던 팔이 뒤로 돌아가야, 시방."

마치 오십 견을 앓으신 것처럼 팔을 제대로 가누시지 못하시던 어머니께서, 오늘 그 능력자의 기도를 받고 매우 시원해 하신다.

우리 김목사는, 성령의 불 한번만 받아 버리면 다 되는 건데, 늘 어머니는 나에게 그런 요구와 기대를 말씀해 오셨다. 물론 한때, 그런 능력이 내게 임했던 적도 있었다. 당시 나는 그 기이한 영적 상황과 분위기를 메모해 놓기도 했다. 고철이 되어 버린 486 컴퓨터 옛판 화일에 들어 있는, 이미 사문화 되어 버린, '나의 신유 목회 사역기'가 바로 그것이다.

뇌졸증에 쓰러진 성도를 위해 피를 토하듯 간곡히 기도하던 중, 자연스럽게 일어났던 영적 분위기와 산물들을 기록한 내용이다. 의도적으로 절제하고, 절제해도 나도 모르게 터져 나온 정확히 예견한, 예언의 메시지하며, 그 기적 같이 회생한 성도가 있는 병실 엘리베이터를 타고 오르락내리락 하면서, 나는 내가 한번만 손을 대면 이 승강기에 타고 있는 저 불쌍한 육신들이 즉시 다 고쳐 질 수 있을 것이라는 어떤 확신에 꽉 사로 잡혀 있었다. 교회는 불과 몇 달 만에, 일부 신자들이 체질 개선을 염려 할 만큼 분위기가 달라져 갔고, 교회는 부흥의 불길이란 말에 걸맞게 바뀌어 갔다.

그 무렵 어느 새벽 기도 시간, 나는 성도들 한 사람 한 사람을 위해 안수 기도를 하며 교회당을 돌아다니고 있었다. 그러던 중, 갑자기 내 오른 팔이 묵직해지더니 그 감각이 능력이 되어 그 누구에겐가로 확 빠져 나가는 신비를 맛보았다. 그런데 바로 그 당사자가 우리 어머니셨다. 그 기도 후, 어머니는 "김목사의 손이 얹어지는 순간, 불이 확 임하더니 내 시린 무릎으로 확 빠져나가더라. 그렇게 시원할 수가 없었어" 라고 말씀하셨다. 그리고는 "이젠 됐어, 우리 김목사도 불의 사자가 된 거야, 불의 사자" 라시며 좋아하셨다.

그러나 나는 그 은혜와 능력을 지속하지 못했다. 여기서 구체적으로 설명할 수는 없지만, 내게 임한 성령의 세미한 음성을 내가 외면해 버렸기 때문이다. 그 불청종이 강력한 성령의 역사를 잠재워 버렸다. 얼마나 예민한 인격적인 성령의 역사였던가? 벌써 몇 해 전의 일인가? 그러니 나에게 무슨 능력이 확신이 있을 수 있겠는가? 적당히 계몽적이고, 교양주의적인 신앙관으로 덧칠한 채, 나는 목회자라는 명목을 유지하고 있을 뿐이다. 그러니, 불같은 은사자의 기도에 효험을 보셨다는 어머니의 말씀에 내가 감히 뭐라고 논평할 수 있겠는가. 나한테 그렇게 심한 면책을 받았던 김순화 전도사님에게 내가 더 이상 무슨 말을 할 수 있겠는가? 오늘은 불 아닌 불로, 얼굴이 화끈거리는 날이다.

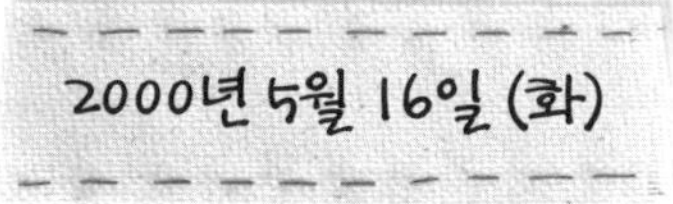

"다시는 못 볼 것 같아서."

어머니께서 세 번째 눈물을 흘리셨다. 독일 누나가 출국했다. 누나도 눈물을 삼켰다. 정보다 무서운 것이 생에 부과된 의무인가 보다. 살아서는 다시 못 볼, 병든 어머니를 뒤로하고, "나, 이제 교회 잘 나갈 거다. 어머니가 만난 예수를 만나러." 결단하며, 누나는 떠났다.

갑자기 어머니는 막내 아들 성범이가 너무도 보고 싶다고 하셨다. 누나가 떠난 자리 그 허전한 공백을 메워 줄 효심 어린 아들 막내가. 멀리 경주에 근무하는 그 아들이 당장에 나타날 리가 없는데. 그래서 더 그러시겠지. 십오야 밝은 달 구름 속에 놀고,

외갓집에서 자란 어린 동생은 엄마가 보고 싶으면 그렇게 노랠 했었다는데.

2000년 5월 17일 (수)

또, 김순화 전도사님이 다녀가셨단다. 지난 번, 어머니께서 병원에 계실 때, 모시고 오려고 했던, 그 여자 목사를 모시고. 왜 포기하시느냐, 고 했단다. 사명을 지니신 분이. 소망에 가득 찬 메시지를 주고 갔단다. 자신들의 집회가 저녁에 있는데 모시고 오라고 했단다. 어머니께서는 많이 가고 싶으신가 보다.

"사명이 있는 자는 죽지 않는다."

나는 그 말에 동의한다. 그 여자 목사는 어머니의 사명을 부추기며, 희망의 물레질을 멈추지 말라 하셨단다. 옳은 말씀이다. 그러나 이 시점에서 나는 그 말에 전적으로 동의할 수 없다. 그것은 이 현실에서는 절반의 진리일 뿐이다.

우리 어머니는 사명자시다. 그분은 사명이 있는 자는, 육체의 죽음은 물론이고, 하늘의 부르심도 거부할 수 있음을 몸으로 체험하신 분이시다. 그러니까, 내가 초등학교 3학년 땐가, 그 해 여름 우리 어머니는 돌아 가셨었다. 심방가신 엄마가 돌아오기를 학수고대하면서, 교회 문밖에서 서성거리고 있던 내 앞을, 황급히 지나치던 교회 간호사 누나가 이렇게 충격적인 말을 던졌다.

"남진아, 니 엄마 죽었어."

남진은 내 아명(兒名)이다. 피난민이셨던 선친께서 남쪽에서 이름을 떨치라고 남진(南振)이라 지어주셨다. 순간 어안이 벙벙해진 나는 울면서 그 누나를 쫓아 뛰어 갔다. 그 누나를 따라간 나는 목사님을 위시한 교우들에 둘러싸인 채, 죽어 누워 있는 어머니를 목도할 수 있었다. 그러나 그 뿐이었다. 그들은 나를 문밖으로 몰아냈기 때문이다. 나는 하염없이 울면서 문밖에 홀로 앉아 있었다. 누나들도 어린 동생도 없었다. 그들은 생활고를 이겨내고자 각기 다른 동네에서 나뉘어 살아야만 했었기 때문이다. 그런데 한참 후에, 할렐루야, 아멘, 이라는 탄성이 그 방안에서 터져 나왔다. 나를 들어오라고 했다. 나는 총알 같이 뛰어 들어 갔다.

"엄마아."

죽음의 잠에서 깨어 난 엄마는 이런 놀라운 이야기를 모두에게 들려주었다. 그러니까, 요즘 널리 이야기 되고 있는 한 임사(臨死) 체험이다. 어머니가 죽었다고, 주위 사람들이 판정을 내리던 순간, 어머니 앞에 한 비행물체가 사르르 와 닿더라고 말씀하셨다. 그 비행 물체가 발하는 은빛 광채는 세상에 있는 그 어떤 것으로도 표현할 수 없다고 어머니는 늘 말씀해 오셨다. 그런데 그 비행 물체 같은데서, 어머니의 영감으로 예수님이라고 느껴지는 분이 내리시더니, 어머니 곁으로 다가와 이렇게 말씀하셨단다.

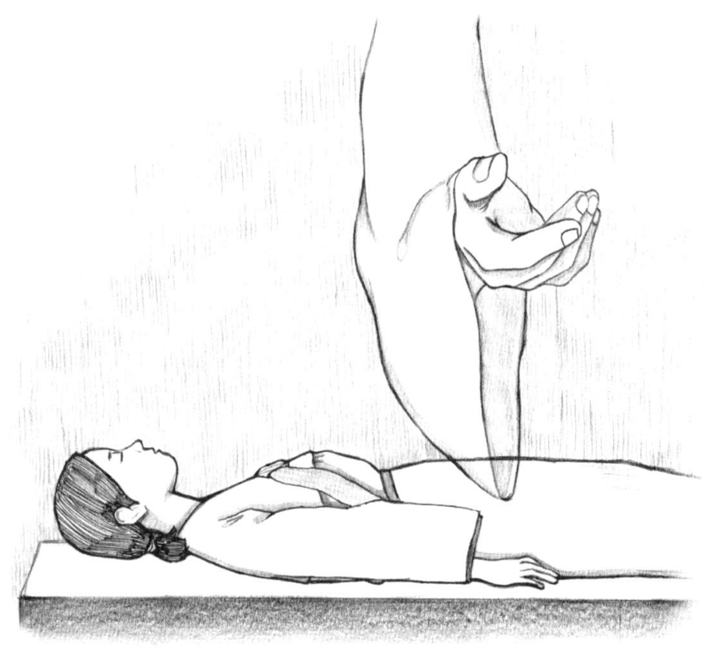

"납실아, 험한 세상 그만 두고, 어서 타거라."
"안돼요."
"납실아, 험한 세상 그만 두고, 어서 타거라."
"안돼요, 내 새끼들은……."
"납실아, 험한 세상 그만 두고, 어서 타거라."
"안돼요. 내 새끼들은 어떡하고 내 새끼들은……."

이렇게 세 번이나 간곡하게 주님은, 험한 세상 버리고 어서 타라고 하셨지만, 자식들 때문에 차마 그 권고에 응할 수 없었노라고 말씀하셨다. 어머니 주변에 있었던 증인들의 말을 들어 봐도 어머니가 극적으로 깨어나실 무렵 혼잣말로, 내 새끼들은……,

웅얼거리시며 깨어나시더라고 말씀들 하셨다. 그 후 어머니는 건강하게 살아 오셨다. 평생을 심방 하시느라 혹사하신 관절염이 고질적으로 당신을 괴롭히긴 했지만 말이다. 그리고 살아오시면서 우리들이 어머니의 마음을 상하게 할 때면, 그 때 내가 그 비행 물체를 타 버렸어야 했던 건데 농담 반, 진담 반 우리를 놀리시곤 했다. 이렇게 대단한 영적 체험을 하신 분이 우리 어머니시다. 당신은 세상에 남겨 둔 자식들을 위하느라 그 애정 어린 부르심을 사양했던 분이다.

그러나, 지금은 아니다. 나는 우리 어머니의 마지막 사명은 이 죽음을 잘 받아들이시는 것이라 생각했다. 잘 죽는 것. 작은 예수같이 잘 죽는 것. 이것이야 말로 가장 힘들고 위대한 사명이 아니겠는가? 가장 힘들고 어려운 사명이기에 당신의 이 마지막 분투는 반드시 값진 열매를 거두시리라 확신한다. 어머니의 애절한 심사를 모르는 바는 아니로되, 그 약한 몸으로 기도원에 오가시게 될 경우 등창 등 더 감당하기 어려운 고초를 어머니께서 겪게 되리라는 진단이 내게 서 있었기 때문에도 나는 감히 이렇게 어머니께 말씀 드렸다.

"어머니, 그 집회에는 가지 마세요."

2000년 5월 18일 (목)

단, 하루도 맘 놓을 수 없을 만큼, 어머니는 그 육체적 변화가 심하시다. 오늘 다시 큰 병원에 입원하셨다. 나는 단호하게 의사들이 요구하는 혈액 검사와 복수 처치를 거부했다. 이번에 바뀐 수련의가 그렇다면, 해열제도 놓아 줄 수 없다고 엄포를 놓았다. 뭔가 복수 처치를 여부를 위해서 혈액 검사를 해야만 한다고 했다. 나는 그래도 그녀의 말에 순순히 응하지 않았다. 어떤 의도가 있었기 때문이다. 그동안 병원을 전전하면서 내가 오히려 의사들을 통해 체득한 어머니 보호책의 일환이었다.

· 덜 고분고분하기.

그래야 최선의 합의가 도출되는 것만 같았기에. 한동안 실랑이를 하다 일정한 접점을 찾았다. 당장 복수를 처치할 정도가 아니시라는 것과 복수를 빼는 것만이 능사가 아니라는 뜻밖의 정보를 얻게 된 것이다. 그녀는 내 말에 일정 부분 수긍을 했다. 최소한의 육체적 고통 해소 그리고 심적 위안을 위해 병원으로 모셨음을 설득했다. 당신들의 욕심을 줄여 달라고 당부도 했다.

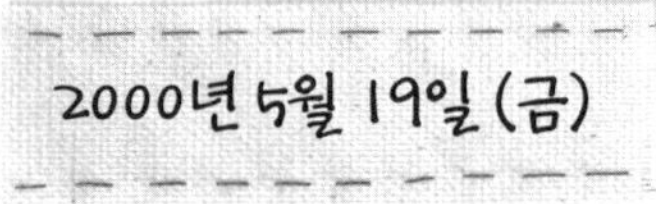

"병원 공기가 달아."

어머니의 말씀이다. 더구나 이번 입원은, 병상에서도 잊힐 리가 없던 어린 손녀 들을 외숙모님이 돌봐 주고 계신 까닭이리라. 모든 짐에서 벗어 난 듯 상쾌한 하루. 오늘만 같았으면.

2000년 5월 20일 (토)

오후에 다시 열이 파르르 오르신가 보다. 외숙모님께서 오늘은 병실에서 함께 지내시기로 하셨다. 어머님이 오매불망 그리던 동생이 올라 왔다.

2000년 5월 21일 (주일)

오후에, 성도들의 문안이 있었다. 이경숙 집사님도 다시 오셨다. 파킨슨병으로 10여년 이상을 고통당하고 계시는 그 불편한 몸을 이끌고. '성도의 교제와,' 이렇게 우리 교회는 신앙으로 고백한다. 이유 없이 고맙고, 감사한 성도의 교제.

"우리 교회엘 가서 예배 한번 드리고 죽어야 할 텐데."

어머니의 간절한 소원이다.

2000년 5월 22일 (월)

"병원이 좋긴 좋은가 봐. 다 죽어 왔다가 생생하게 살아 나가는 것을 봉께."

병원 베란다로 나가 아침 운동을 외숙모님과 같이 하시던 어머니의 말씀이다. 이내 다스려지는 신열(身熱), 가만 가만 가라앉는 복수, 규칙적인 식사.

Better life from better medicine.

그 과학의 진보는 오늘을 사는 우리에게 위안임에 틀림없다.

2000년 5월 23일 (화)

다시 퇴원하셨다. 병원에 오면 병원에 있을 필요가 없을 것 같고, 퇴원해 보면 아쉽고 이런 상황과 기분이 교차되고 있다. 그래서 문제인 것이다. 어디에서도 속 시원한 해답을 얻지 못하는 심각한 문제. 내가 퇴원을 다소 종용해 버린 듯하다. 내일쯤 생각했는데, 내 스케줄이 내일은 좀 잡혀 있어서, 한 모레까지나 체력을 보강하셨으면 한다는 작은 누나의 요청도 묵살한 채. 퇴원을 서두르는데, 수련의가 어머니께 힘드시면 다시 오세요, 라고 말을 건네자,

"다시 오면 되겠어요?"라고 어머니가 반문한다.

의사는 웃어넘기더니 병실 밖으로 나가다가 나에게 가만 귀엣말로, "환자의 병명을 알고 계시죠? 저러시다가도 갑자기 어떻게 될지 전혀 예측할 수 없으니까, 늘 대비 하세요." 라고 말했다.

2000년 5월 24일 (수)

퇴원 하루만인데, 다시 몸이 불편하신가 보다. 어제 밤에 거의 잠을 못 주무셨다고 한다. 바뀐 환경에 쉽게 적응할 수 없으신 모양이다. 그 편안한 집도 이젠 감각이 다르신 것일까? 그렇게 사람들은 자기 집을 떠날 준비를 서서히 하는 것일까?

2000년 5월 25일 (목)

벌써 이틀 째, 어머니는 밤을 꼬빡 새셨단다. 어머니의 형편보다 내 입장을 고려해서 어머니를 서둘러 집으로 모신 나의 우둔한 행위에 대한 징벌인가 보다. 아니면 오매불망 그리던 이모님들이 오신다니까, 설레어 잠을 못 이루신 걸까?

2000년 5월 26일 (금)

압해도 이모님이 올라 오셨다. 송곡 이모님과 이모부님도 오셨다. 큰 형수, 신환이 형, 신숙이까지. 신형이 형이 모시고 올라왔다. 그리고 신자 누나, 신화. 이모님들은 어머니와 사촌들인데 연배가 거의 비슷하시다. 두 분 다, 사력을 다해 올라오신 것이다. 압해도 이모님은 심장이 심히 안 좋으셔서 거의 거동을 못하시는 분이시고, 송곡 이모님은 한마디로 종합병동이시다. 젊어서부터 워낙 병치레를 심하게 하신 분이신데, 대 수술을 무려 세 차례나 젊은 시절에 받으셔서 항상 오늘, 내일 하시던 분이다. 그런데 뜻밖에 어머님이 시한부 인생임을 선고 받았다는 통보를 받으시고는, 죽기 전에 얼굴 한번 보시겠다고 이렇게 힘든 모험을 감행하신 것이다. 한평생 믿음 안에서 애환을 서로 나눈 자매들의 사랑과 우정이 아니고는 상상키 힘든 먼 여행이 아니었나 싶다. 불과 몇 개월 전만 해도 어머님이 제일로 건강하셨고, 좀 자유스러워지면 속히 내려가시겠다고 다짐하고 다짐하셨던 어머니는, 겨우 이렇게 자신의 병상에서, 그리던 자매 분들과 눈물의 해후를 하시게 된 것이다.

그 병약하시다는 이모님들의 얼굴은 오히려 건강해 뵈는 구릿빛인데 우리 어머니의 얼굴은 심히도 창백하다. 병색이 완연하다. 몹쓸 병. 심히 안타깝고, 너무 억울하다는 생각이 든다. 10년은 충분히 더 사실 수 있으셨을 텐데. 부디 이 하루가 당신들에게는 천년이 되길 빈다.

2000년 5월 27일 (토)

신자 누나 자형과 신봉이가 왔다. 해서, 압해도 이모님 자녀들이 다 모였다. 신안군 압해면에서, 광주에서, 대전에서, 부천에서, 인천에서. 외가로 육촌인데도 우리 집과 압해도 이모님네 하고는 한 형제나 다름없다. 어머니와 이모님이 각별하시니까, 자연히 우리도 그렇게 된 것이지만, 이모님뿐만 아니라 작고하신 이모부님 또한 우리를 자신의 자식들인 양 대하셨다. 우리는 가을철만 되면 이모부님께서 산 넘고 물 건너 한 짐 등짐져 날라주시던 그 각별한 고구마 맛을 지금도 잊지 못한다. 이번 어머님의 병환 중에도 신자 누나를 비롯한 형제들이 몇 차례나 교대로 찾아 왔었다. 한번은 누구나 온다. 그러나 이 바쁜 세상에 한 번도 쉬운 일은 아니다. 그러나 몇 차례나 찾아 와, 시간 계산도 하지 않고 서둘러 가라고 해도, 아무 말도 없이 그냥 가만히 한나절이나 어머니 곁을 지키고 앉아 있는 모습 속에, 나는 그들이 두 어르신을 한 어머니로 여기고 있음을 감지하곤 혼자 감격해 마지않기도 했다. 최소한 우리 두 가정은 그런 사이다. 이 매정한 세상에 얼마나 복된 일인지.

"납실아, 구월아, 니들 예수님 봤냐?"

압해도 이모님의 이야기다. 어렸을 때, 암태면 도창리에서 살

당신이 그린 젤로 흡족한 풍경화

던 시절에 제일 맏이 되신 압해도 이모님이 어머님과 막내 송곡 이모님을 골탕 먹이곤 했다는 재미난 이야기다.

"아니, 못 봤어."
"나는 봤는디. 보여 주까?"
"그래. 그래"
"얼른 누워 봐."

뒷동산 잔디밭에 두 동생들을 뉘어 놓고는,

"이것 꼭 물고 눈 감고 있어 봐. 그러면 예수님이 보일꺼야."

영근 씨알이 촘촘히 들어박힌 풀잎 줄기를 한 입 가득 거꾸로, 씨알이 박힌 쪽을 입안으로 넣어 그 줄기를 이빨로 질근 물게 한 다음,

"예수님 보이지?"
"……."
"보일 텐데, 안 보여?"
"……."
"더 꽉 물어 봐, 이젠 보이지?"

눈을 찔끔 감은 채로 한 입 풀잎 씨알머리 부분을 꽉 문 채, 도리질 고개 짓으로 예수님이 안 보인다고 응답하는 동생들. 그러다 느닷없이, 그 풀줄기 밑동을 확 잡아 채버리자, 입안에 한 입

가득 차던, 풀잎 씨알들.

"퉤, 퉤, 퉤, 퉤."

까르르, 까르르. 이제는 죽음을 눈앞에 두신, 백발 할머니들이 잠시 어린 시절로 돌아가 풋풋한 향수에 다시 젖어 드신다.

예수님 보는 것이 제일 큰 소원이었던 섬마을 소녀들. 순교자 고(故) 문준경 전도사님의 후예들. 한 분은 전도사로 두 분 권사로, 평생을 그 섬마을 뒷동산에서 한 입 가득 채운, 씨알 예수를 가는 곳마다 합심하여 뿌려 오셨다. 자매요, 신앙의 동지로 살아오신 이 삼총사 양반들. 이 밤, 예고된 슬픈 별리 앞에 그들은 찬송으로 위로를 삼고 있다.

내 주는 자비 하셔서 늘 함께 계시고
내 궁핍함을 아시고 늘 채워 주시네 ♫

2000년 5월 28일 (주일)

늘 예배는 어머니의 애절한 찬송에서 부터 시작 되었다.

주님 다시 뵈올 날이 날로 날로 다가와
무거운 짐 주께 맡겨 벗을 날도 멀잖네 ♫

우리는 다 같이 모여 예배를 드렸다. 행여 있을지 모를 죄의식에서 벗어나시라고, 이제 하늘 상 받을 일 밖에 남지 않으셨다고, 아름다운 일만 기억하시라고, 이모님들은 오늘 내려가시지만 몸이 다시 사는 것을 믿으시라고, 사랑하는 이들의 전송을 받으며 먼저 가는 것도 축복일 수도 있다고, 모두들 어머니의 마지막 길이 평안한 길이 되도록 기도해 달라고, 나는 당부했다. 여든 여섯 되신 큰 이모님께서도 오셨다. 예삿일이 아니기에. 자리를 털고 일어 나시면서,

"우리 납실이가 나 데리고 암태 간다고 했는디, 이젠 다 틀려 부렀는가 비다. 틀려 부렀는가 비어." 탄식하시며 통곡 하신다.

"살아라, 살아. 니 엄마 살려라이, 살려."

눈물이 바다를 이룬다.

"양자 넘아, 양자 넘아. 너 사정 내가 알고, 내 사정 니가 아는디……."

니가 먼저 가버리면 나는 어쩌란 말이냐, 압해도 이모님의 탄식이다. 독일 누나의 아명이, 일본식 이름 요꼬, 양자다. 사내였으면 한 인물 하셨을 압해도 이모님의 한(恨) 또한 남 못지않다. 그저 양반 집안이라고 신랑은 보지도 않고 딸을 줬던 시절. 양에 차지 않는 신랑을 만나 살 수도 죽을 수도 없이 살아 왔던 억울한 한 생. 그 깊은 서로의 한을 토해 내며 살았을 두 여인의 슬픈 별리. 그렇게 당신들은 내려 가셨다. 그 누구도 대신해 줄 수도, 함께 해 줄 수도 없는 죽음. 이젠 어머니, 당신은 정말 혼자 가셔야만 하는가 봅니다.

2000년 5월 29일 (월)

하루가 맷돌에 지긋이 눌린 기분으로 시작됐다. 후회와 자성의 소리가 심연에서 울려 난다. 허나, 이렇게 스스로 위안을 삼는다. 한번쯤은 드러나야 할 것이 드러날 수 있는 기회였어. 어머니가 마련해 주신거지 결국은. 마무리도 해답도 이제 어머니께 있는지도 몰라. 자랑해야 고쳐지는 병들. 드러냄으로 우리는 치료 받고 있는 지도 몰라. 그럴지도 몰라.

2000년 5월 30일 (화)

나 혼자, 큰 병원엘 갔다. 이제는 두 세 시간의 병원행도 감당하실 수 없을 만큼 어머니는 쇠약해 지셨다. 아니 쇠약해지신 것만이 아니다. 어머니는 이제 그 어떤 투병에 대한 의지도, 필요도 상실하신 듯하다. 오후에 대전 신환이 형한테서 전화가 왔다. 자기 교회 전도사님이 신유의 은사가 강한데, 한번 모시고 오겠다고 했다. 고맙다고만 했다.

오후에, 류형자 권사님이 오셨다. 류재하 목사님의 동생 되는 분이다. 류형자 권사님은 60년대 중반부터 70년대 초반까지 근 10여 년간, 어머니께서 북교동 교회에 시무하실 때 함께한 평신도였다. 그분은 북교동 교회에서 사역하시던 때에 자신을 소중하게 여기신 전납실 전도사님에 대한 애틋한 기억을 회고하셨다. 그분은 차후 어머니의 약력에 꼭 집어넣으라며, 어머님께서 전남지방회 여전도회 회장을 두 차례나 역임하셨음을 힘주어 강조 하셨다. 그리고 그 재임 기간 중, 좀두리 쌀 모으기를 시작하셨고 그래서 모아진 5천여 만 원이 전남 신학교를 세우는데 일조 했었노라고 부연 하셨다. 어머니가 말씀하신다.

"약력, 그런 것 절대로 내세우지 마라. 하나님 영광 가린다."

2000년 5월 31일 (수)

기도 제목이 더 길어졌다. 나는 그 동안 하나님께 어머님이 고통 없이만 가게해 주시라고 빌고 빌어 왔다. 그런데, 오늘 거기에 더 하여, 이렇게 덧 붙였다. 어머니의 임종을 보게 해 달라고. 오전 11시 부터 오한이 심해지셨다. 진땀을 흘리신다. 열이 나고 한속이 계속되고 나면,

"몸이 확 쳐져 버려" 라고 말하신다.

오늘은 자리에서 일어나지도 못하셨다.

2000년 6월 1일 (목)

한 밤을 꼬박 새우신 어머니. 미음 한 숟갈도 못 넘기신다. 그 앞에서 나는 꾸역꾸역 걸신들린 듯 퍼 넣는다.

"동숭이 저러고 있응께, 혼자 먹기도 뭐 해."

어머니 곁에 계시는 외숙모님의 말씀이다. 본의 아니게 같이 굶기도 하시는가 보다. 한 때는 함께 살던 당신의 막내아들이 살만하니까, 위암으로 세상을 먼저 떠난 그 징헌, 세월을 살기도 하셨던 분. 그런데 말년에 또 이런 험한 일을 몸으로 겪고 계시

는 것이다. 안되셨다 싶다.

어머님이 다치셨다. 혼자 옷을 입으시려다, 그만 넘어지셔서 이마를 크게 다치셨다. 노인들은 넘어지면서 돌아가신다는데, 그 말이 사실인가 보다. 이젠 가만 가만 벽을 두 손으로 짚어 가시며 화장실로 향해 가신다. 피 끓는 유월 초하루에.

2000년 6월 2일 (금)

어머니는 연 나흘째, 발열과 오한이 교차되고 있다. 주치의 김과장을 만났다. 더 나은 약을 드렸는데도 방법이 없는 병이라며, 차라리 설사를 하시는 편이 더 낫다고 말한다. 만일 변비가 되면 관장을 해야 한다며.

만일을 위해 조간호사에게 가져갔던, 어머니 C.T 필름을 찾아 왔다. 영안실의 분위기도 살필 겸, 동생 집에서 가까운 병원에도 들렸다.

2000년 6월 3일 (토)

어머니가 은혜교회로 잠시 가보고 싶으시다는 말을 들었다. 은혜교회 최목사님께서 오셔서 기도해 주셨는데, 그 후 열이 현저히 내리셨다는 것이다. 그리고 그보다 중요한 이야기는 최목사님께서 교계에서 저명한 이 아무개 목사님께서 간암 말기로 복수가 터질듯이 차올라, 의사가 이제 다 끝났다며, 병실 침대에 누운 이 목사님의 얼굴을 흰 시트로 덮어 버리고 나갔는데, 그 순간 병실 문 밖에서 들려오는 이 목사님의 자녀들의 울음소리에 이 목사님이 하나님께 살려 달라고 절규하며 매달리자 그만 복수가 저절로 터져 나쁜 것이 다 쏟아져 내려 버린 후, 거뜬히 회생했다고 하는 간증을 들려 주셨다는 것이다. 그 체험과 간증에 어머니는 새 힘을 얻으시고는, 은혜교회로 가시겠다고 하셨단다.

작은 누나는 걱정이 되나 보다.

"그 교회로 가신다고 해도 마땅히 기거할 공간도, 그림자같이 돌 볼 봐 드릴 간병자도 없는, 기도원도 아닌 평범한 교회로 가신다는 것은 좀 무리일 것만 같아."

누나의 염려와 어머니의 간절한 염원. 어머니는 그 간증에 어떤 확신을 얻으신 것이 분명하다. 그리고 그 은혜교회 최목사님의 영적 권능 또한 어머니께서 기댈 큰 힘이라 생각하신 모양이다. 그러나 누나의 염려 또한 현실적인 것이다. 최목사님이 자신의 교회로 가시자고 한 것도 아니고, 단지 어머니에게 작은 위로가 될까하고 그런 간증을 하셨던 것이 아니겠는가?

나도 난감했다. 나는 최목사님의 간증을 부인하지는 않지만 믿고 싶지만, 그 분이 어머니께 지금까지 살아 온 것이 하나님의 은혜요, 그 은혜 감사하며 남은 생을 살아가시기로 말해 주셨더라면 어땠을까 생각해 봤다. 그래, 우리의 진정한 소망이 저 하늘나라에 있다고 말씀드려도 낙망치 않으실 우리 어머니가 아니셨을까? 어머니 안에 살아 역사하는 구원과 기적의 드라마.

나는 어머니의 생존욕구 그 배후에 있는 그 큰 확신을 다시 한 번 발견한다. 그러나 작은누나가 다시 말했다.

"내가 못 가시게 했어, 누가 반기겠어, 교회로 가시려면 아들 교회로 가자고 그랬어."

2000년 6월 4일 (주일)

은사자 정집사가 나이든 중환자들에게는 회개의 기도가 필요하다고 넌지시 말했다. 나는, 예수 이름으로는 더 이상 정죄할 죄가 우리 어머니에게는 없다고 잘라 말했다.

다시, 어머니를 병원으로 모시는 문제에 대해 상의를 했다. 동생은 어머니의 편에 서서 자기네 집에서 가까운 병원으로 모시자고 했다. 그러나 나와 누나는 보호자, 간병하는 우리들의 편의까지 고려해 다시 우리 동네 병원으로 모시자고 했다. 누나는 허리 통증이 다시 도져 운신조차 힘들어 하는 상황이 계속되고 있다. 동생이 모레 있을 보은 행진을 위해 어머니와 논의했다.

2000년 6월 5일 (월)

다시 큰 병원으로 모셨다. 입원 수속을 밟는데, 2인실 밖에 없단다. 조직의 힘을 좀 동원해 볼까, 생각하다가 이내 그 생각조차 철회했다. 내 눈 앞에 발을 동동 구르고 있는 영세민 아낙이

2인실 밖에 없다는 말에, 어찌할 바를 몰라 하며 수속을 망설이고 있는 가엾은 광경을 순간 목도했기 때문이다. 미안했다. 급행료, 새치기, 낙하산 투하 그리고 비양심적 특권의식의 실체를 내 안에서 발견했기 때문이다.

병실에 들었는데, 침대가 철제다. 높이가 어머니가 사용하시기는 너무 불편하다. 침대에서 내리 실 때, 발이 바닥에 바로 닿지 않는다. 만일 홀로 계실 때 거동하시려면, 발을 헛딛을 수도 있겠다고 생각되었다. 높낮이를 환자가 조절할 수 있고, 상대적으로 키가 나지막한 편리한 전동 침대가 생각이 났다. 간호사에게 전동 침대가 남은 게 있느냐고 물었다. 없단다. 아까 엘리베이터에서 내려 이 병실로 오면서 열린 방문을 통해 주인 없는 전동 침대가 놀고 있는 것을 눈으로 확인해 두었는데도. 내가 한번 직접 찾아 봐도 되겠느냐고 되묻자, 퉁명스럽게 알아서 하라고 했다. 이내 그 빈 병실을 찾아냈다. 헌데, 미안하다는 소리는 고하간에, "용케도 찾으셨네요."라고 쏘아 붙인다. 참았다. 그런데 그 방 텔레비전 리모컨이 없다. 구석구석을 뒤졌는데도 없다. 찾을 수가 없다. 해서, 다시 간호사실로 갔다. 그랬는데,

"그 방에는 리모컨이 없어요." 라고 잘라 말했다.
"아니, 텔레비전에 리모컨이 없다니."
"없어요. 2인실에는."
"아니, 리모컨과 2인실이 무슨 상관이죠?"
"없다니까요. 그렇담, 1인실로 가세요. 1인실."

나는 아무튼 잘 생각해 보고 갖다 주세요, 하고 돌아 왔다. 한

참 후, 간호사는 리모컨을 가지고 왔다. 집어 던지듯, 던져 주고는 나가면서,

"옆방은 한 달이 넘었어도 군말이 없는데."라며 중얼 대며 나간다. 불러 세웠다.

"어떻게 그런 식으로. 어떻게 환자들에게 그렇게 고압적으로 군림할 수 있나? 거동도 불편한 환자들한테……." 이내 태도가 달라졌다.

"죄송합니다. 정말, 잘못 됐습니다."

씁쓸했다. 우리 모두는 자기의 힘을 오용하거나 남용하고 있다는 사실 때문에. 너, 나 할 것 없이. 그래, 선진국이란 힘을 선용하는 나라라는 뜻일 게다.

강남성모병원 호스피스 병동, 예약 접수를 위해 주치의의 소견서를 받았다.

그 선명한 병명 '간암'

2000년 6월 6일 (화)

나는 오늘의 행사를 '보은 행진'이라고 명명했다. 천리 길을 두루 다니며, 어머니의 보은 사역을 우리 두 아들이 대신하는 행

사이기 때문이다. 어머니께서 한 평생을 살아오시면서 어쩔 수 없이 은혜를 입었던 몇 분들을 찾아뵙고자, 어머니 대신 특사로 우리가 나선 것이다. 새벽 같이 출발했다. 최종 목적지는 목포다. 나는 지난 주간동안 찾아가야 할 곳의 주소와 전화 번호 등을 확보해 두었었다. 금일봉도 동생이 준비했다.

먼저, 전라북도 익산 황등으로 향했다. 고(故) 배응모 목사님의 사모님을 찾아뵈러 간 것이다. 고 배응모 목사님, 고인(故人)은 어머니의 두 번째 사역지인 초교파 목포 복음교회에서 함께 시무했던 목사님이셨다. 몰론 어머니의 그 교회 부임은, 그 교회의 설립자이신 목포에서 유명했던 차남수 외과병원, 차장로님과 김사라 권사님의 초청에 의한 것이었다. 함께 성령운동에 열심히 하셨던 고(故) 김사라 권사님은 어머니를 극진히도 아끼셨다. 그러나 어머니와 배 목사님 또한 동역자로서 늘 한마음이셨다. 어머니는 늘, "우리 배목사님은 사거리에서 네 발 장대를 휘둘러도 거칠 것이 없는, 큰 목사님이셨다"고 내게 말씀해오곤 하셨다. 어머니께서는 목회자인 나에게도 항상 배목사님 같은 큰 도량을 지닌 목자가 되라는 말씀을, 귀에 못이 박히도록 해오셨다.

그리고 배목사님은 무엇보다도 우리 가정의 물질적 도약의 토대를 마련해 주셨다. 60년대에는 당시 독일 간호사로 가는 일도, 일정한 배경과 물질이 필요했었는데, 목사님께서 적극적으로 앞장서서 큰누나가 독일로 갈 수 있게끔 물적, 정신적, 영적 보장을 해 주셨던 것이다. 그 어르신은 이젠 가고 없으시다. 홀로 되신 사모님은 우리를 반갑게 맞아 주셨고, 우리는 어머니를 대신해서 큰절을 올렸다.

다음은, 내가 청년 시절 근무했던 광산군 삼도면에 위치한 시골학교로 향했다. 몇 년 만인가? 한 20년도 넘은 세월 만에 처음이다. 지금은 광주광역시에 편입되어 있었다. 송정리를 거쳐 평동교를 지나 약 20여분. 병풍산 기슭에 위치한 학교로 향했다. 그 아스라한 추억의 길을 타고 들어가면서 70년대 초, 첫 발령장을 받고 어머니와 함께 부임하던 그 첫 날이 회상되었다. 선배교사들은 선생이 엄마를 대동했다며 나를 놀려 댔었다. 당시 심히 병약했던 나는 늘 그렇게 어머니에겐 안타까움의 대상이었다. 온갖 음식을 가려 먹어야만 했던 나를 낯선 시골하숙집에 맡기고 떠나시던 어머니의 눈가에는 눈물이 어렸었지. 복숭아 한 쪽 제대로 와삭 베어 먹지 못하던 너를 두고 떠날 때 가슴이 미어지더라, 시던 어머니. 그 시린 어머니의 눈물을 대신해 나를 극진히도 보살펴 준 하숙집 아줌마. 그분 네들은 여전히 그곳에 살고 계셨다. 아줌마라고는 하지만 나보다 한두 살 위 밖에 되지 않는 누이 정도다. 내 생명의 은인이신 분. 어머니의 안부를 덧붙여 진정한 감사를 표했다.

학교는 폐교가 되어 있었다. 굳게 닫힌 정문 너머로 바라 본 학교는 인적이 끊겨 황량한 기운만이 감돌았다. 패, 경, 옥, 이런 사랑스럽던 아이들의 흔적이 사라진 자리에는 잡풀들만이 무성했다. 나는 이 학교에서 5년 8개월을 근무했다. 내 교직 생활의 전부를 이곳에서만 보낸 것이다. 그리고 이곳에서 나는 저 세상으로 갔다. 옆 학교 한 여선생이 "김선생, 그런 대로 가지마." 나를 잡아 당겼다.

내가 교직을 관두겠다고 하자 어머니께서는 처음엔 묵묵부

답이셨다. 모처럼 찾은 가족적 안정. 다시 시작해야하는 경제적 인 어려움. 그러나 신학교엘 가겠다는 것이 어머니에게는 그 어떤 저항도 할 수 없는 난제였던 것이다. 해서, 한동안 그 어떤 확답을 주시지 않던 어머니께서 O.K 승인을 내리신 것은 아주 단순한 통과 의례를 거친 이후였다.

어느 토요일 오후, 나는 예정에도 없는 발길을 집으로 옮겼었다. 그런데 마침 집에는 예언의 은사를 받은 한 사역자가 대기하고 있었다. 여러 가지로 답답한 어머니께서 전직 새우젓 장수였던 은사자를 불러다 놓은 것이다. 나는 그 여인 앞에 머리를 내밀었다. 금속성, 하늘을 반 갈라놓을 듯 한 주문이 쏟아지더니,

"대쪽 같은, 대쪽 같은," 이런 예언의 말씀이 그녀의 입에서 터져 나왔던 것이다. "할렐루야, 아멘."

청죽(青竹). 하늘을 찌를 듯 죽, 죽 곧게 뻗은 푸른 대나무. 당신의 갈등 해소를 위한 청죽 사건은 어머니의 마음에 진정한 한 위로로 다가 왔던 것이다. 하늘이 점지한 사명자. 나는 그렇게 확증되어졌던 것이다.

그런데 나도 그 기이한 일정과 예언의 말씀을 일정 부분 인정하지 않을 수 없었던 이유는, 지금도 선명한 한 꿈 때문이었다. 바로 그날 새벽, 나는 황소를 몰아 한 덩이 돌처럼 굳은 묵은 밭을 확확, 내가 갈아엎는 꿈을 꾸었었기 때문이다. 꿈에서 깨어난 후에도 얼마나 시원했던지. 나는 얼른 그 선명한 꿈을 일기에 적어 놓기도 했었던 것이다. 우연이라면 우연치고는 너무도 필연적인 한 날의 신비였던 것이다.

이런 나의 꿈 이야기까지 덧붙여지자, 어머니는 나의 신학교행이 명백한 하늘의 뜻이라고 굳게 믿게 되신 것이다. 하늘 아버지의 뜻이라면, 내 뜻대로 마옵시고 당신의 뜻대로 하시옵소서. 당신이 평생 견지한 일관된 신앙 고백을 중심으로 하늘 아버지께 드린 후, 그렇게 나를 놔 주셨던 것이다.

이젠, 목포다. 나는 십 수 년 만에, 처음으로 목포로 향했다.

오후 4시쯤 목포에 당도한 우리는 마지막 보은 행진, 그리스도 교회 고 최요한 목사님 댁을 찾아갔다. 그리스도 교회. 그 교회 시절 나는 아버지를 잃었다. 내 나이 8살 때였다. 어머니 나이 서른일곱 되시던 해. 그리고 얼마 후 어머니는 이 교회에서 처음 전도부인이 되셨다. 기도 대장 최 목사님. 유달산 산기도. 이는 당신이 개척한 전인미답의 영봉(靈峰)이었다. 사모님은 계시지 않았다. 시간을 대충 약속했으나 사모님께서 타관에서 온다는 전화 통화로 만족해야 했다. 며느리에게 대신 인사를 전했다.

그리고 이내, 장차 어머니를 모실 북교동교회 교회 묘지로 향했다. 신형이 형과 태주 형과 함께. 그 묘지는 태양이 만발한 양지 동산이었다. 교회 사랑방 같았다. 내게 너무도 친근한 어르신들이 거기에 다 누워 계셨다. 우리 이모님 두 분, 전이온 권사님 등등. 이런 곳을 두고, 어찌 어머니께서 북풍한설 몰아치는 곳에 누우시려 하시겠는가 싶었다. 흔쾌히 허락해 준 북교동 교회 당회장 목사님과 당회원들 그리고 성도들에게 진심으로 감사해했다. 두 세자리 중 하나를 택하기로 하고 돌아오는데, 그 퇴로가

얼마나 좁고 힘든지, 우리 장정 네 사람은 가도 가도 끝이 없는 산길에 경미한 두려움을 느끼기 까지 했다. 세상에나 길 좀 잘 뚫어 놓지. 어떻게 대형 버스가 진입할 수 있을까 지극히 염려가 됐다.

시내로 돌아왔다. 동생과 나는 그 추억의 거리로 나섰다. 유년 시절을 보낸 그리스도교회 건물과 세무소 사이 대로(?)에 섰다. 4.19 무렵, 그 동네에 소재한 험한 목포 공고생들이 어깨를 겯고 뛰어 다녔던 길. 심방 가신 어머니를 기다리던 그 오거리 전봇대는 지금도 그 자리를 지키고 있었다. 그런데 어릴 때 한 바다 같았던 동심의 거리는 너무도 협착했다. 오밀조밀. 내가 커진 건가? 이 땅이 오그라든 건가? 오그라진 땅. 어머니는 이 땅과 우리를 다시 얽어매려 하고 있다. 그래도 이 남쪽 사람들이

복 받고 살 거여, 라시며.

밤늦게 동생은 경주로 향했다. 무리한 행군이다.
그러나 값진.

2000년 6월 7일 (수)

아침 9시 건희 형과 북교동 교회로 향했다. 북교동교회, 어머니의 사역에 있어서 황금시절을 보낸 곳, 우리 형제들에게 있어서도 마찬가지인, 담쟁이넝쿨이 명물인 교회, 십 수 년 만에 다시 본, 교회당은 실로 웅장하고 위엄이 넘쳤다.

당회장이신 김정 목사님과 고정훈, 노정선 장로님을 만나 뵈었다. 어제 하산 길이 너무 힘들었다고 말하자, 더 잘 뚫리고 편하고 가까운 길이 서, 너 군데 더 있다고 하셨다. 다시 길을 안내해 주겠다며, 고장로님이 앞장서신다. 너무도 따뜻하고, 인정 넘치는 이 땅의 사람들. 그 길은 정말 괜찮았다. 멀리서 어제 헤맸던 길을 올려다봤더니, 웬걸 우리는 산 하나, 남북으로 가로지르는 그 험한 산등성이를 타고 넘었던 것이다. 묘지 터도 대충 확정했다. 하산 길에 고장로님께서 우리 전전도사님, 그분은 온 교회가 칭송하는 덕과 사랑의 어르신이시라며, 입에 침이 마르도록 칭송해 마지않으신다. 그래서 묘지 건도 누구 하나 시비함 없이 흔쾌히 허락됐다고 좋아하셨다.

산에서 내려 와 예약한 비행기 시간까지 바꿔하며 압해도로 바다 건너갔다. 이모님을 찾아뵈었다. 사력을 다해 상경하시어 어머니를 만나고 돌아오신 후, 그 상심으로 다시 지병이 재발하셨다고 한다. 파란 완두콩을 한 봉지 내 놓으시며, 가져가라 신다. 그저 눈에 뵈는 것만 있으면 생각나는 당신들. 감사히 받아 서울로 향했다.

상경. 오후 7시쯤 어머니가 계신 병원으로 갔다. 미주알고주알 고향의 숨결을 전해 드렸다. 퇴원 여부를 상의했다.

"좀 더 있어 보고 교회로 갈란다. 그런데 우리 평리 때문에……."

우리 평리! 당신의 생의 마지막 과업이다. 저 연세에도, 일이 있으신 당신. 더구나, 그 일은 당신이 너무나 좋아 하시는 일이다. 행복은 일에 있다. 당신은 참 행복한 분이시다.

2000년 6월 8일 (목)

어떻게 어머니께서, 우리 교회로 가시겠다고 결정하셨느냐고 작은 누나에게 물었더니, 누나가 권면 했단다. 어디나 계신 하나님이시고 당신의 기적이 일어 날거라면, 우리 교회에서 역사하시도록 하자고. 그리고 말기 암 기적의 회복 건, 이 아무개 목사님의 경우는 그분은 젊은 종이라서, 사명 더 감당하라고 살려 주신 것이 아니겠느냐, 고 답했더니 어머니께서 수긍하시면서도 약간 섭섭해 하시더라고도 했다.

다시 퇴원이다. 이번이 마지막일지도 모를 것만 같다. 어머니께서 퇴원을 강하게 요구하셨다. 아무런 처치도 없이 지내는 병상 생활에 지치신 듯 했다. 이뇨제도 외과적 처치도 나는 당분간 하지 말자고 했다. 처치를 하는 만큼, 그 만큼 위험부담도 크다는 사실을 알았기 때문이다. 퇴원 길에, 목포에서 전화가 왔다. 목포 그리스도 교회 사모님의 전화. 각종 암을 다스린다는 찰밥 나무 가루를 소개하셨다. 나는 적당히 묵살해 버리려고 했는데, 뜻밖에 차 뒷좌석 어머니께서,

"나는 사약(私藥)은 먹어 본 적이 없어이" 라고 말씀하시지 않는가?

저 애절한 생명에 대한 애착, 집에 돌아와 나는 즉시 목포로 전화를 걸었다. 조건희 목사님께, 급히 좀 구해서 보내 달라고.

"동숭 좋아진 것 좀 보고 갈라고 했는디, 내가 먼저 간다고 했으면 섭섭했것지만, 이제 교회로 간다니까, 나도 옷도 갈아입어야 하고 내려가야 쓰것네. 자네는 믿음이 좋으니께, 기도로 확 고쳐 버리소."

그동안 반 감옥을 사셨을 외숙모님의 말씀이다.

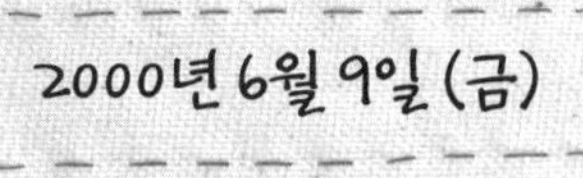

찰밥 나무 가루가 배달됐다.

속달로 왔다.

뭐가 그리도 급해서, 무슨 효험이 있다고.

2000년 6월 10일 (토)

또, 긴급한 전화가 왔다. 아침 일찍 목포에서. 그리스도교회 사모님께서 기적의 약이라시며, 열정적으로 소개하셨다. 어머니께 전활 넣었더니, 나한테 전활 해보라고 하셨다며. 저 정도의 확신을 불러 일으켰으니, 어머니는 얼마나 큰 기대를 안고 계시는 것일까? 전혀 믿기지 않았으나, 그 성의가 고마워 소개해 주신 판매책에게 전활 걸었다.

"우리 작은 아버지가 목사님이신데, 간암이셨어요. 암세포 크기가 7센티미터나 됐었는데요, 이 약 드시고 완치 되셨어요" 라고 말한다.

사실은 약이 아니고, 회원 등록제로 운영 판매하는 건강식품이었다. STC 인터내셔널 건강식품이라고 했다. 한 달 약값이 120만원이란다. 나는 그 작은 아버지란 분의 연락처를 일러 달라고 했다. 난색을 표명하더니 가르쳐 줬다. 해남에 계신 그 목사님과 통화를 했다.

"아뇨, 전 간염을 좀 앓았을 뿐입니다"라고 말씀하셨다.

무서운 상혼. 그리고 난처한 훈수, 왜 당사자에게 먼저 말해버릴까? 생각 없이. 어떻게 어머니의 기대를 충족 시켜 드려야 할까. 위약(爲藥)이라도 사용해 봐야 하나.

2000년 6월 11일 (주일)

거실 소파에도 앉아 계시지도 못하심.
남북 정상회담도 하루 연기.

2000년 6월 12일 (월)

어머니, 부산으로 떠나시려는 외숙모님과 문밖에서 서로 손을 부여잡고 눈물을 글썽이신다. 동숭이 짠한지, 이내 연민의 정에 겨워 "또 오께. 내가 또 와야 쓰것구먼," 하신다. 반지옥이 너무도 힘드셨을 텐데도. 떠나시는 숙모님께 감사의 표시로 동생이 보청기를 해드렸단다. 공항에 모시고 나갔다.

"교회로 가실라요." 동생도 동의를 했는데, 어머니께서
"마음이 정리가 안 돼"라신다.

그러시겠지, 막장 같은 교회당엘 가신다는 것은 모든 것을 내려놓는다는 말씀이 될 텐데. 그리고 지하교회 그 얼마나 불편한가? 화장실도 그렇고. 사실 말도 안 되는 강요였던 것이다. 결과

적으로. 그래서 은혜교회 행은 우여곡절 끝에 일단락 됐다. 너무도 무책임한 한마디의 훈수. 보호자와 환자에게 미치는 영향력은 이렇게 파괴적일 수도 있다.

그런데, 오후에 김순화 전도사님께서 우묵을 쒀가지고 목포에서 올라 오셨다. 그 전화사건 이후, 드디어 마주쳤다. 김전도사님은 나만 생각하면, 복장이 터질 것 같다 말씀하곤 하셨다. 나는 오늘도 그분의 복장을 터지게 했다.

"목사님 나중에 후회할 것이오."

이런 말이었다. 어머니를 신앙의 힘에 의지하지 않는, 이 나의 미성숙한 영적 태도를 크게 뉘우치게 될 거라 했다. 나중에 김목사 당신이 영안이 열려 영적 각성을 하게 되면. 그리고 이런 비신앙적 행태가 영적 한이 되리라 했다. 나는 부정하지 않았다. 김전도사님은 누나 김권사와 통화 했는데, 당신 김목사의 기도만이 기적을 불러일으킬거라는 영적 견해에 서로들 동의했다고 했다.

영적 고수들. 그래 나는 지당한 말씀이라고 생각했다. 그러나 나는 불행하게도 우리 어머니를 그분께 낫게 해 달라는 기도를 드릴 힘도, 의지도 없는, 체념이 만성화 된 불신앙적 존재일 뿐이라고 고백했다. 후회만 남게 될 거라고. 나는 후회에 능한 사람이니까. 그런데도 그녀는 나를 다시 이렇게 다그쳤다.

"아니면, 지금이라도 어머니께 병명과 그 한계를 일러 드려, 회개의 기도를 하게 해드려야 한다"고 말씀하셨다.

나는 이 말에는 동의하지 않았다. 우리는 어머니에게 병명을 알려 드리지 않기로 했고, 그 회개라는 영적 어감이 다소 어머니에게 불손한 일이 될 것 같았기 때문이다.

"회개하실 것이 있으면 회개하시겠죠. 그러나 예수 그리스도의 이름으로 정죄 받을 죄는 없으실 것입니다."

나는 다시 한 번 더 확신에 찬 어조로 답했다. 그녀는 나 때문에, 덜 떨어진 목사 때문에 가슴을 치며 돌아갔다. 가슴, 저 가슴. 누구의 가슴일까? 애절한 어머니의 심사일까? 행여, 성령의 탄식일까? 가슴이 편하지 않다.

2000년 6월 13일 (화)

새벽 같이 가락동으로 갔다. 밤새 설사를 네 차례나 하셨단다.

"술 좋아하는 이와 사느라 많이 힘들었는데."

석주형네 아짐이 오셨다. 젊은 날 얼마나 힘들게 살았는데, 저 모양이냐는 말씀이다. 어렵사리 이룬 튼실한 삶, 살만해 지니까, 이젠 누릴 만하니까 다시는 볼 수 없는 곳으로, 훌쩍 떠나가야 하는가, 라며 한탄해 마지아니하신다.

술꾼 아빠

"남진아, 너 아빠 심부름 좀 할래?"

마침, 집에는 아무도 없고 아버지와 나 단 둘 뿐이었다. 어린 나는 귀가 번쩍 띄었다. 마치 충복을 밀사로 파견하려는 듯한, 주군의 습하고 다사로운 속삭임 같았기 때문이다. 그러나 정작 내가 아버지의 그 말씀에 솔깃해 한 것은, 단지 부드럽고 은밀한 속삭임이어서가 아니라, 그때까지 단 한 번도 아버지께서 나에게 그 어떤 요구를 해 오신 일이 없었기 때문이었다. 그만큼 나와 당신 사이에는 보이지 않는 거리감이 가로 놓여 있었다. 본디 당신이 과묵하시고, 늘 근엄하신 까닭이기도 했지만, 그 간격은 제 삼자가 조성해 놓은 측면이 있었다. 나와 아버지 사이에는 요 접근 금지, 라는 감시의 눈총이 공존했었다. 그런 아버지와 어린 아들 사이에, 그 집요한 감시의 눈길이 잠시 사라지자 최초의 은밀한 거래가 시작되었던 것이다. 나는 흥분했다. 그 말씀은 차라리 내가 걸려 넘어지고픈 감미로운 유혹이었기 때문이다.

"어디요?"

나는 찌그러진 양은 주전자를 들고 한 걸음에 창평동 고래 고기 집으로 달려갔다. 한 주전자 가득, 효심을 실어 나르던 내 뿌듯하던 가슴은 지금도 저 깊은 곳에서 고동쳐 오른다. 나도 아버지를 위해 뭔가를 했다는, 이젠 나도 뭔가 아버지에게 보탬이 되는 아들이라는 자부심으로 가슴에 감동의 물결을 이루었다. 그

멀게만 느껴졌던 아버지가 나에게 자신의 약점이 드러나 보일 수도 있는 은밀한 임무를 맡길 만큼 나를 인정해주고, 신뢰해 주고 계시다는 사실이 너무도 감격스러웠기 때문이다. 나는 그 순간만큼 그렇게 내가 나를 스스로 대견스러워 해 본 적은 지금까지도 거의 없었던 듯싶다.

그러나, 나는 애련의 밀사였다. 이루지 못한 사랑의 아픔만을 간직한 채, 나는 그렇게 다시 당신과 멀어져야만 했다. 나를 낚아채듯, 어머니는 아버지께 전달되어야할 양은 주전자를 낚아채, 그 끈적끈적한 액체를 확 땅에 쏟아 버리시고 만 것이다. 육에서 난 것은 육이라며, 너는 이래서는 안 된다며. 아버님께 대한 송구스러움에 떨고 있던 나에게, 심히도 상심하여 울먹거리던 어린 나에게, 어머니는 도덕적이며, 종교적인 훈계로 나에게 깊은 죄의식마저 안겨 주셨던 것이다.

그러나 나는 당신의 술이 문제가 아니었다. 죄악 여부가 우선순위가 아니었다. 비록 어린 아이였지만, 나는 오직 그리도 받고 싶었던 아버지의 사랑이, 날 철썩 같이 믿어 주시는 아버지의 신뢰가 무엇보다 더 절실했고, 그리웠던 것이다. 당신의 아들 됨. 그러나 나는 끝내 내심으로 간절히 염원했던 아버지와의 은밀한 대화를 더 이상 나눌 수가 없었다. 바보같이. 오히려 나는 그날 이후, 아버지를 본의 아니게 외면하고 살아가야만 했었다.

아버지의 장한 아들!

나는 지금도 이런 가상적인 말에 가슴이 뛰고, 뿌듯해지는 자부심을 나는 느낀다. 그 은밀한 내통은 그렇게 이내 발각되어 허사가 되어 버리고 말았지만 말이다. 그 사건 이후, 나의 아버지에 대한 기억이나, 회상은 거의 전무하다.

그렇게 나는 청소년 시절을 보냈고, 청년이 되었다. 사회생활을 시작했다. 2년제 교육대학을 졸업한 터라, 나는 다른 친구들보다 몇 년 더 앞서 세상으로 나갔다. 그리고 세상의 맛을 다소 보게 되었다. 내가 여태껏 맛보지 못했던 오욕질 나는 세상맛을.

나는 그때 내 피를 타고 도는 나의 아버지를 기억해 냈다. 이젠 그 누구도 당신과의 은밀한 내통을 감시하거나, 방해할 이가 없었다. 나는 집에서 한참이나 떨어진 외딴 산골 마을에 틀어 박혀 있었기 때문이다. 나는 아버지, 라는 주제로 된 최초의 작문을 일기라는 형식을 통해 써 내려 갔다.

丙辰 五月 八日(1976)

제4회 어버이 날이다. 나는 오늘에서야, 강제된 효심을 발하여 당신에 대한 희미한 기억을 더듬어 본다. 아무도 모르게. 그리고 불러 본다.

"아버지!"
"……."

물론 대답이 없으시다. 그때도 그랬다. 나의 유년의 기억 속에는 아빠, 라고 내가 불렀던 이도, 오냐, 라며 대답해 줄 아버지도 없었다. 이상한 일이다. 그래도 내가 8살이나 되던 해에 당신이 세상을 버리고 가셨다는데도 나는 아버지에 대한 기억이 거

의 전무하다. 단지 알코올, 단 두 톨의 찐 계란, 그리고 당신이 남긴 허름한 밤색 바탕에 흰색 체크무늬 양복을 줄여 만든 내 신사복 그리고 당신의 비석을 대신한 돌쩌귀. 그런 물질로만 당신은 연상될 뿐이다.

아니 물론, 이런 기억도 있다. 당신의 손을 붙잡고 함께 어기뚱거리며 걷던 가축시장 부근 정경. 유일하게 당신의 막걸리 심부름을 갔던 창평동 고래 고기 집 아줌마의 상투적 웃음. 그리고 그 날, 그 시간 그 처연했던 영창의 달빛.

"아버지!"

나는 이렇게 몇 마디로 간추릴 수밖에 없는, 표피적인 당신만을 기억하고 있을 뿐입니다. 그렇습니다. 나는 당신의 표피적인 면 밖에 들여다 볼 수 없는 어린 아이였습니다. 게다가 나를 둘러 싼 환경들이 당신의 내면을 탐구해 볼 여지마저, 그동안 철저히 봉쇄하고만 있었습니다. 그러나 내안에 살아 계신 나의 아버지. 이제 당신은 당신만큼이나 자란 내안에서 당신의 감추인 진심을 말씀하고자 하십니다. 당신의 진심을 덮어 누르고 있는 세월의 더께를 비집고 나와 내 심사에 떠도는 유일한 당신의 바로 이런 말씀 한마디로 말입니다.

"존 간나 새끼들."

당신이 간헐적으로 내 뱉었다는 욕설. 누나들은 바로 당신의 그 욕을 흉내 내면서, 깔깔대며 웃어댔습니다. 나는 바로 그 당신의 욕설 한마디. 바로 거기에서 그 깊이 감추인 당신의 심층을 들여다 볼 수 있는 한 틈을 발견합니다.

당신은 욕쟁입니다. 그런데 기묘하게도 이 말은 당신이 단순한 욕쟁이 수준을 뛰어 넘고 있음을 나에게 암시해 주고 있습니다. 시인 권일송이 이 땅은 나를 술 마시게 한다, 라고 읊조렸을 때, 사람들은 그를 가리켜 에이 이 술꾼, 이라고 욕하지 않은 것처럼 말입니다. 내가 이렇게 한 시인의 언어와 당신의 욕설에 동일한 가치를 부여하는 까닭은, 나도 당신의 그 속어를 단순한 감정풀이로만 보지 않고, 나는 이 땅은 나를 욕하게 했다, 라는 말로 해석할 수 있을 만큼, 나도 이 땅과 이 세상의 악한 음모를 어느 정도 이해할 수 있는 나이가 되었기 때문일 것입니다.

그러나 그런 모순되고 패역한 시대상에 그 죄과를 묻는 것보다, 더 중요한 관점은 아버지께서는 당당히 그 누구에겐가 욕을 할 수 있었다는 사실에 있습니다. 그 누군가에게 감히 언성을 높일 수 있었다는 그 자체만으로도, 나는 당신의 도덕적 자질을 높게 평가해 드릴 수 있다고 생각하기 때문입니다. 누군가에게 욕할 수 있는 당신. 이 말이 곧, 최소한 당신은 그 누구에게도 욕을 얻어먹을 만한 일을 행하신 적이 없었다는 말이 되기 때문입니다.

사기꾼들을 욕하지 않습니다. 그들에게 안 돼, 라는 말은 절대로 없습니다. 그들은 모든 것이 가능하다며 우아하고 찬란하게 접근하지만, 결국은 모두를 속이는 인간들이기 때문입니다. 그런 류의 인간들은 단지 선량한 민중들의 가슴에 욕으로만 남는 이들입니다. 짐짓 교묘하고, 우아하고, 상냥한 말솜씨를 구사하는 자들입니다. 대부분 비상식적인 이 땅의 권력자들이고, 판관이요, 부자들입니다. 적어도 이 강토에서는 그러한 진단이 결코 틀린 말은 아닐 것입니다.

그런데, 아버님께서는 당당히 욕할 수 있는 이들 중의 한 분이셨습니다. 당신은 적어도 욕할 수는 있는 분이셨습니다. 그렇습니다. 감히 그 누군가를 욕할 수 있는 자격은 아무에게나 주어지지 않습니다.

당당히 세상을 향해 욕할 수 있던 당신.
나는 그 아버지가 자랑스럽습니다.

그리고 더군다나 당신이 피난 내려와 몸담은 땅이 어떤 땅입니까? 이 강산에서 제일로 욕을 잘하는, 욕할만한 자격이 있는 사람들이 사는 땅이 아닙니까? 그런데 바로 그 욕쟁이 동네 사람들을 향해 감히 욕해대던 당신은 진정한 욕쟁이십니다. 이 부도덕한 땅의 것들과는 전혀 다른, 당신은 완전히 차별화된 분이셨습니다.

나는, 누나들이 기묘하게도 당신의 그 욕설을 더러 흉내 내면서, 당신에 대한 은근한 자부심을 내 앞에서 드러내곤 했던, 그 깊은 이유를 나는 이렇게 깨달아 알게 되었습니다. 세상을 욕할 수 있어 자랑스러운 나의 아버지. 세상에서 제일로 정직하셨다는 당신. 아버지, 나는 당신을 그리워하고 있습니다. 그리고 생각합니다. 당신을 욕할 사람이 있으면 나와 보라고. 아무도 없을 거라고 말입니다. 해서, 나는 당신을 존경합니다.

아버지!

동생한테 전화가 왔다. 어머님의 심리적 위안을 위해 시설 좋기로 소문난 병원에라도 한 번 모시고 가는 것이 어떻겠냐고 했다. 빽이 없으면, 통상 6개월 기다려야 하는데 지금이라도 모시고 갈 수 있도록 조치를 취했다며, 이 아무개 박사한테 연락해 보라고 했다. 알았다고 했다. 난 그 박사에게도, 어머니에게도 말하지 않았다. 그 빽으로 채워질 6개월에 끼어들고 싶지 않았기 때문이다.

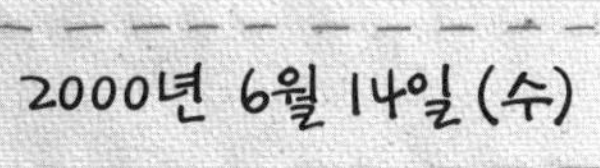

욕(辱),
이것도 이젠 욕이다.

"좀 어떠세요"란 말도.
"억지로라도 드세요"라는 말처럼.

더 좋은 병원에서 연락이 왔단다. 내일 오후 2시 반에 어머니를 모시고 오라고. 처음에 어머니는 거절하셨다. 검사 받기 싫으셔서. 동생이 그런 검사도 안 한 대요, 라고 말했다. 솔깃해지시는 어머니. 내가 주저 앉혔다.

"무리야, 무리. 최소한의 수속과 대기 시간, 그리고 병원과 집을 왕복하는 일 등등이."

내 말은 정확하다. 내가 거의 다 어머니를 모시고 다녔기에. 맞는 말이지만, 나는 또 악역을 자임하고 나선 것이다. 기분이 다소 언짢으신가 보다. 그래도 다 받아들이시며 말을 건네신다.

"그냥, 기도해 주라."
"……."

나는 죄송스러워 망설이다. 기도했다. 뭐라 간구해야 하나 공개적으로. 먼저 어머니에게 기도 하시라고 했다.

"무슨 죄로 인해 이 병고를 치르게 하시는지? 어서 날 데려가 달라"고 기도 하셨다.

나는 이렇게 기도했다.

"아버지, 아시지요. 도우소서."

중세 수도사들이, 평생 동안, 반복했다는 짧고 깊은 기도다. 정말 기도의 사람들의 기도다. 나는 이 기도만 거듭거듭 반복했다. 그런 것 같았다.

2000년 6월 15일 (목)

"오래 가시지 못할 거예요."

주치의 김박사의 말이 길어졌다. 아니, 길어진 것이 아니다. 내가 전혀 입을 열지 않기 때문에 상대적으로 그의 말이 많아진 것처럼 느낄 뿐이다. 좀 어떠시냐고, 물을 수 없는 환자의 보호자에게 그는 아무런 응답을 듣지 않아도 불쾌하게 생각하지 않는다. 나 혼자 말없이 들어갔다가, 처방전만 받아 들고 말없이 나왔다.

지난 화요일부터 남북 정상 회담이 진행 됐다. 민족적 경사도, 당신이 좋아하는 김대중의 위대한 성취도 어머니에게는 위로가 될 수 없는가 보다.

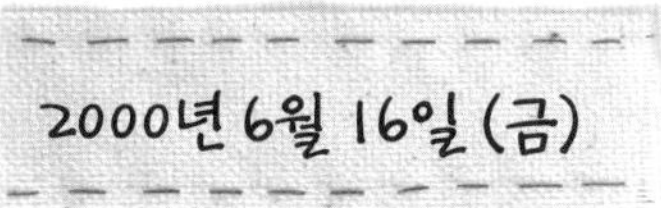

"밥 먹기도 귀찮아."

뭘 드신다고 저런 말씀을 하시는가? 그런데 약은 그렇게 지성으로 드신다. 찰밥나무 가루를 한 스푼 정갈하게 털어 넣으시는 어머니. 그 입에 넣자마자 끈적끈적 온 입 안에 덕지덕지 엉겨 붙는 찰거머리 같은 마른 나무 가루를. 지성이면 감천이라는데.

2000년 6월 17일 (토)

부산에 내려 가셨던 외숙모님께서 다시 올라 오셨다. 월요일에 오시겠다던 분이 몇 번이나 차표를 예약했다 취소하는 소동을 벌이시며, 원족(遠足)을 앞둔 소학교 학생 마냥, 설레는 마음으로 이틀이나 앞당겨 올라오셨단다. 어머니는 물론이고 우리 모두 다 좋아라했다. 한번 문안 오기는 그래도 쉽다. 두 번 이상 병문안 오는 것은 결코 쉽지 않다. 끈적끈적한 인정으로 뭉친, 전(全) 씨네 사람들, 팔순도 넘기신 숙모님의 병든 시누이에 대한 애정이 눈물겹다. 홍복(洪福)이다.

어머니의 삶은 늘 그러셨던 것 같다. 외로우나 결코 외롭지 않았던 생, 나의 학창시절의 기억 속에는 하루도 쉬는 날 없이, 숱한 손님들이 우리 집을 오고 갔다. 그 누군가의 우스개 소리처럼, "니 발 빼라, 내 발 넣게." 사랑방 같은 우리 집에는 걸판진 웃음소리가 그친 날이 단 하루도 없었다. 사람 좋아하는 어머니, 아니 사람들이 좋아 했던 우리 어머니, 그 인정과 후덕함이 그 많은 사람들에게 위로와 기대가 되었던 것 같다. 주는 자가 받는 자보다 더 복(福) 되도다, 라는 말씀을 늘 상기 시키셨던 나의 어머니, 당신은 이 땅에서도 그 열매를 맛보고 계신다.

2000년 6월 18일 (주일)

"왜 이렇게 힘들게 내버려두시는지 빨리 데려가시지 않고."

내 앞에서 털어놓으시는 어머니의 탄식이다. 막내 딸 나리는, 내가 코를 킁킁거릴 때마다 "아빠, 내 코하고 바꾸자."라고 말했다. 나는 한 번도 "엄마, 내 간하고 엄마 간하고 바꾸자"라고 말해 보지 못했다. 최소한 어머니는 내가 나리만 했을 때, 이렇게 아프셔야 했는데…….

문병 오신 한 권사님께서 어머니의 허리가 침대에 딱 붙어 버렸다며 욕창에 대비하라고 일러 주셨다.

2000년 6월 19일 (월)

No Candy, today. No candy, today.

어머니의 분신인 다섯 살 바기 어린 평리가 깊은 밤 카세트에서 흘러나오는 영어 노래를 열심히 따라 부르고 있다. 저 안방에서, 여기 한 생을 악한 병의 고통으로 마감하고 계시는, 저를 저만큼이나 키워 낸 할머니의 신음소리는 아랑곳하지도 않는 듯, 이렇게 피와 땀으로 저를 키워 낸 할머니는 자꾸만 작아져 가고 있는데, 어서 어서 자라서 새 나라의 일꾼이 되겠다는 듯, 이젠 너무 바빠서 할머니를 문안할 시간도 없다는 듯, 밤새워 낭랑하게 질러대는 노 캔디 투데이, 한 세대는 이렇게 가고, 한 세대는 저렇게 오는 것일까? 서로 옷깃 스칠 시간도 없이, 매정히,

2000년 6월 20일 (화)

의료대란 시작.
어머니께서 먼저 전활하셨다.

"약이 없어야, 내일 점심 때 까지 밖에……."
설마, 아무리 제 밥그릇이 문제라고 해도, 인술로서의 의료 행위를 행하는 상식인들이 환자들의 필요를 외면하겠는가?

2000년 6월 21일 (수)

내가 탈진하고 더위를 먹었는지, 한속과 몸살에 시달렸다.
전활 드렸더니, 김치 담고 계시는 숙모님을 곁에서 지켜보고 계신단다.

"이 여름을 거뜬히 넘기실 것 같지 않어."

아내는 내 말에 동의 했다.

2000년 6월 22일 (목)

큰 병원 외래.

의료대란으로 응급실에 가서 약만 타왔다. 그 누구도 흥분하지 않는 응급실. 쥐죽은 듯 고요하다. 비정상이란 말이다. 눈치만 슬금슬금 보고들 있다. 묵묵히 부당한 파업에도 견뎌 보느라 안간힘을 다하는 민초들. 병원이 높고 의사들이 무섭긴 무서운가 보다. 어떻게 생명을 담보 한 이권 투쟁을 전개할 수 있는지, 이해 할 수가 없다.

2000년 6월 23일 (금)

오늘은 한 말씀도 없으시다.

당신의 말씀이 없으니, 우리의 메아리도 없다.

이제는, 말할 기력조차 없으신가 보다.

2000년 6월 24일 (토)

충격적인 사태가 발생했다. 그 동안 그토록 지성스럽게 약을 드시던 어머니께서 아침, 점심 두 번이나 약을 안 드셨다는 것이다. 약 드실 힘이 없으시다며.

그의 책, '죽음의 수용소'에서는 발견치 못했는데, 빅터 프랭

클을 인용하는 여러 사람들에게서 들은 이야기다. 제 2차 세계 대전 중, 유대인 포로 수용소에서 담배를 피우는 재미로 살던 이가 그 좋아하는 담배를 손에서 놓자, 이내 죽어 갔다는 이야기. (오히려, 그 책에 의하면 대부분의 사람들이 배급된 담배를 먹는 것과 바꾸어 먹었고, 그 극한 기아 속에서도 배급된 담배를 그냥 피기 시작하면, 수용소 동료들은 그가 살기를 포기한 것으로 여겼다는 이야기가 나온다.) 그 진위야 어떻든, 존재 이유가 담배 태우기에 있었던 사람이 그 존재의 이유를 상실했을 때, 생의 종언을 맛보았다는 말이 아니겠는가?

그리도 지성스럽게 약을 챙기시던 어머니께서 약을 거부하시다니. 그래 이것이 위약효과(僞藥效果)라는 것의 한계이겠지. 한줌씩이나 먹어도 효험이 없는 약들, 눈치 채신 것일까? 당신마저도 육신의 한계가 존재 이유의 한계일 수도 있는 것일까?

2000년 6월 25일 (주일)

배가례 전도사님께서 예배를 인도하셨다.

"너희는 마음에 근심하지 말라 하나님을 믿으니 또 나를 믿으라 내 아버지 집에 거할 곳이 많도다 그렇지 않으면 너희에게 일렀으리라 내가 너희를 위하여 거처를 예비하러 가노니 가서 너희를 위하여 거처를 예비하면 내가 다시 와서 너희를 내게로 영접하여 나 있는 곳에 너희도 있게 하리라(요한복음 14장 1-3절)."

있을 곳을 예비해 놓으신 예수 안에, 이제 가실 당신이여. 어머니와 동년배이신 배전도사님의 목소리가 유난히도 더 떨렸다. 헌데, 어머니의 표정에서 그 무엇을 읽어 낼 수가 없다. 만일, 네가 낫고자 하느냐, 라는 말씀을 읽어 드렸었다면....

우리는 이렇게 일심으로 어머니의 한 줌 소망을 앗아 버리고 있다. 예배의 잔인함(?)을 새삼 느끼는 주일이다.

2000년 6월 26일 (월)

약도, 곡기도 끊으신 하루.

뚜 – 욱.

나는 오늘 어머니가 그 불편한 몸을 이끌고 주일마다 오가셨던, 가락동에서 중계동까지를 어머니가 다니셨던 길로, 어머니가 이용하셨던 전철을 타고, 돌아와 봤다.

갈아타고, 갈아타고, 또 갈아타고. 마(魔)의 환승 구간들. 그 삼백여 계단을 오르고, 또 오르면서 나는 눈물로 범벅이 되어 갔다. 당신의 그 천근만근 무거웠을 발걸음. 자신을 한번 유기했다고 차가운 시선을 거두지 않던 목사 아들. 그래도 내 아들 목회에 이 한 몸 보탬이 되고자 그 먼 길을 절며, 절며 희한과 설움의 눈물을 삼키며 오가셨던 통한의 길. 그러나 한마디 불평도 그 어떤 아픔도 발설하신 일이 없으셨던 나의 어머니.

그래서 병이 됐겠지. 내 지은 죄 주홍빛 같더라도 주 예수께

다 아뢰면, 갑자기 눈시울이 뜨거워지며 이 찬송이 터져 나왔다. 허나, 나는 순간 굳게 입을 다물어 버리고 말았다. 씻음을 받을 수도 없을 것 같은, 아니 씻음을 받고 싶지도 않는 나. 아, 나는 더 이상 걸을 수가 없었다. 나는 가파른 7호선 지하철 계단을 오르다 말고 주저앉았다. 순간,

"내 일에 상관 마세요. 어머니! 예수께서는 이렇게 경고하신 것입니다."

내가 언젠가 당신 앞에서 토로했던 설교문의 한 구절이 생각키워졌다. 그러니까 갈릴리 가나 혼인 진치 집에 함께 초청 받아 갔던 마리아와 그 아들 예수. 그 두 사람 사이에 오갔던 대화를 중심으로 '내 때' 라는 제목의 설교를 한 적이 있었다. 그 설교의 요지는 이러했다. 어머니 마리아와 아들 예수, 두 사람이 함께 초청 받아 간 그 잔치 집에 그만 포도주가 한참이나 잔치가 무르익어 가던 시점에 동이나 버린 것이다. 주인은 난감해 했을 것이고, 예수의 어머니 마리아 또한 심히 안타까워했던 모양이다. 해서, 아들 예수에게 그의 어머니 마리아는 다가갔다.

"예수야, 이 잔치 집에 포도주가 벌써 동이 났으니 어떡하면 좋으냐?"

"……."

"니가 한번 어떻게 힘 좀 써 봐라,"

갑자기 예수의 표정에 변화가 일었다.

"여자여, 당신이 나와 무슨 상관이 있나이까?

"……."

"내 때가 아직 이르지 못하였나이다."

아들 예수는 냉정히 외면했다. 그런데 놀랍게도 이내 뒤돌아서서 아들 예수는 물로 포도주를 만들어 냈다. 그의 공생애(共生涯)의 첫 이적을 나타내 보이신 것이다. 그렇다면, 그 아직 이르지 않았다던 예수의 '나의 때' 라는 말은 무슨 말인가? 어머니에게 여자여, 라는 이해하기 힘든 어투로 그 어머니를 무안케 했던 예수의 그 '내 때' 라는 것이, 불과일, 이분 사이 그 찰나적 순간에 조화를 부리는 변덕일 뿐이었겠는가? 그것은 아닐 것이다.

그렇다면, 나는 이렇게 해석했다. 예수의 '내 때' 라는 말은 '권위의 때' 라고. 그 누가 시켜서 할 일이 아닌, 당신 예수의 사역은 오직 예수 자신만이 자신에게 명하는 바로 그 때에 이루어지는 사역이라고 말이다. 만일 어머니 마리아의 권유나 간청 때문에 물로 포도주를 만들게 된다면, 이후로 당신의 영적 사역은 어머니의 의도에 의해 좌지우지도 될 수 있을 것이라고 예수께서 생각하시고 미리 그 불건전한 간섭을 엄격히 경계하고 나서신 것이 아니었겠느냐, 라고 나는 해석했다. 그리고 만일 예수께서 그 어머니의 간청을 외면하지 않았다면 어머니 마리아는 그 이후로 예수의 능력을 빌리고자 하는 이들의 엄청난 로비에 시달렸을 것이다. 이 같은 해설도 덧붙였다.

내가 이런 해석에 이르게 된 것은 절대적으로 내가 처한 현실에 그 연유가 있었다. 나는 '월권'이란 말에 대해 당연한 관심을 갖지 않을 수 없는 아픔 속에 처해 있었다. 어느 순간부터인가 교회 안에 우리 말고는 그 누가 더 너, 김목사를 진정으로 위하겠느냐, 는 논리가 표출되기 시작했다. 물론 그들은 내 목회에 있어서 조언자들이기도 했지만, 그것이 차츰 간섭이라는 생각이 들자 나는 그들과 일정한 간격을 유지하고자 했었다. 그러나 그 시점은 적기가 아니었다. 때는 이미 한참이나 늦어 버린 것이다. 그리고 보다 중요한 것은, 내가 예수일 수 없듯이, 그들도 순전한 마리아일 수 없었다는 사실이었다. 해서, 갈릴리 가나의 기적은 우리 안에 이루어지지 않은 것이다. 물론 어머니께서 그러신 것은 아니었다.

그러나, 나는 이런 아픈 배경에서 우러러 나온 해석을 가지고, 강단만을 향해 엎드리신 어머니 앞에서 감히 '내 때'를 운운했던 것이다. 어머니에게 들으라고 전한 메시지는 아니었다. 성경 본문에 아들 예수와 어머니 마리아가 등장했기 때문에 어머니와 아들과의 관계인 듯 했지만, 본질은 메시아로서의 예수의 '내 권위의 때'에 맞춰 있었다. 그러나 아무튼 어머니 당신에겐 너무도 직선적인 메시지였을 것이다. 그 후, 어머니는 이전보다 더욱 자신을 낮추셨다. 그래서 내가 앉던 일어서던 어머니는 침묵으로만 일관 하셨다.

"하나님은, 그래도 목사 편이어야"

단지 그렇게만 주변 사람들에게 말씀하실 뿐이었다.

아들 목사. 말랑말랑한 권위는 찾아 볼 수 없는 경직된 목청만 드높이는 권위주의자. 감히 예수의 '내 때' 운운하며 말씀을 난도질해 대는 돌팔이. 그 돌팔이가 심의(心醫)가 되고, 명의(名醫)가 되길 간구하며 눈물로 오가셨던 이 인고(忍苦)의 길. 거기다, 영혼이 깊은 잠에 취해 있는 작은아들 내외를 눈물로 뒤로 하고.

▷ 가락 본동에 위치한 집에서, 걸어서 8호선 가락시장역까지.
→ 8호선 가락시장역에서 전철로, 8호선 잠실역까지.
→ 다시 8호선 잠실역에서 그 마(魔))의 환승구간, 끝간 데 없어 뵈는 숨 가쁜 오르막 길. 의지할 손잡이 하나 없는 그 무지막지한 등성이를 사력을 다해 걸어 오르고 올라, 2호선 잠실역까지.
→ 그 2호선 잠실역에서 다시 전철로, 2호선 건대입구역까지.
→ 그리고 2호선 건대입구역에서 다시 한없이 오르내리셔야만 하는 환승구간을 걷고 또 걸어, 7호선 건대입구역까지.
→ 그리고 그 7호선 건대 입구역에서 출발한 마지막 전철에 무거운 몸을 싣고, 7호선 중계역까지.
→ 그러나 마지막 고지 7호선 절벽 같은 에스컬레이터도 없는 무려 118개나 되는 가파른 계단을 힘겹게 오르고 올라, 교회 승합차에 옮겨 타시기까지.

한 평생을 성도들 심방 하시느라, 이젠 무릎의 연골마저도 다 마르고 닳아, 제대로 걷지도 못하시는 팔순을 눈앞에 두신 당신은 오직 이 아들과 아들 교회를 위해 사력을 다해 이 길을 오고 가신 것이다.

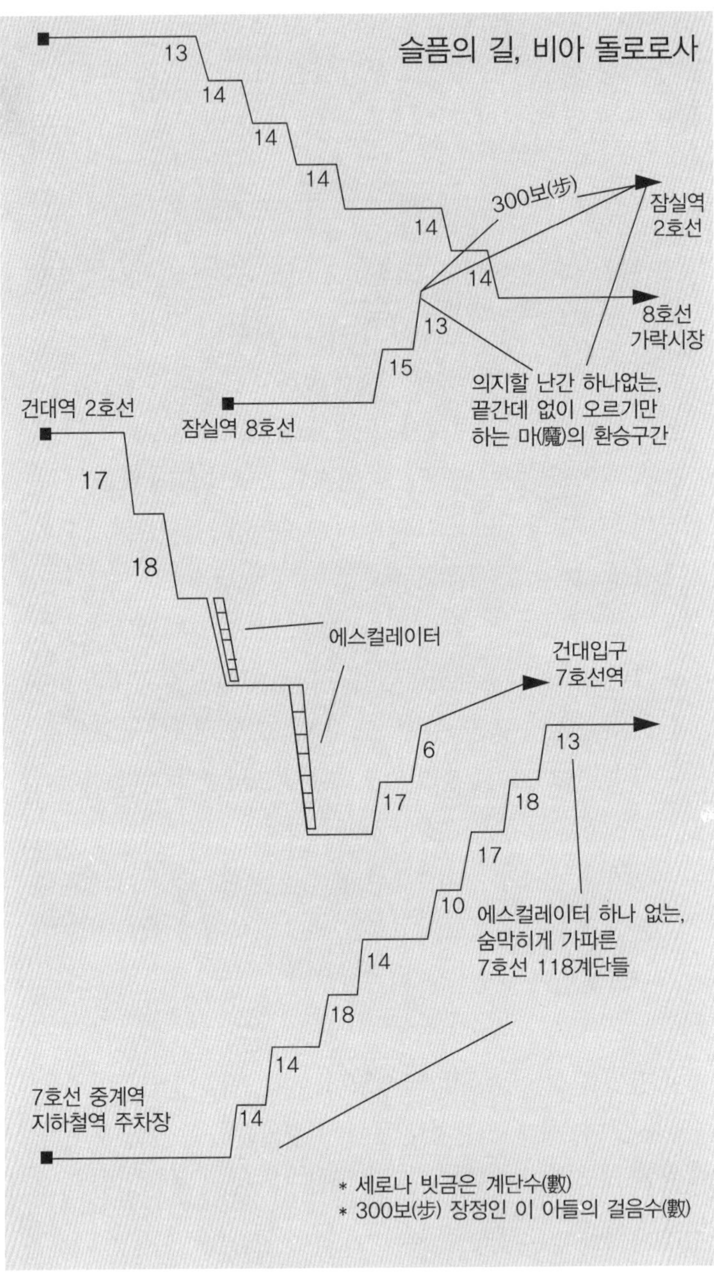

슬픔의 길, 비아 돌로로사
13
14
14
14
14
14
300보(步)
잠실역
2호선
8호선
가락시장
13
15
의지할 난간 하나없는,
끝간데 없이 오르기만
하는 마(魔)의 환승구간
잠실역 8호선
건대역 2호선
17
18
에스컬레이터
건대입구
7호선역
6
17
13
18
17
10
에스컬레이터 하나 없는,
숨막히게 가파른
7호선 118계단들
14
18
14
14
7호선 중계역
지하철역 주차장
* 세로나 빗금은 계단수(數)
* 300보(步) 장정인 이 아들의 걸음수(數)

그렇다, 이 길은 당신의 비아 돌로로사[1] 였다. 구레네 시몬[2] 조차도 없는 외롭고 힘든 길. "아이고 힘들어." 7호선 네 번째 출구, 막판 50여 가파른 계단을 오르던 건장한 청년의 입에서 터져 나온 말이다. 하물며 당신이랴. 이렇게 처음으로 그 핏기 하나 없는 지하철 대리석 바닥의 완강한 저항을, 나는 온 몸으로 생생히 감지하면서, 그 냉혈 바닥 같이 굳은 이 아들 목사를 온 몸으로 감내하시며 이 길을 닦으셨을 당신의 숨 막히는 고통을 다소 이해할 것만 같았다.

희생만이, 희생만이 능력이라 하시네. 믿음만이, 믿음만이 능력이라 하시네. 사랑만이, 사랑만이 능력이라 하시네. 할 수 있다 하신 주.

그래, 어머니는 희생과 믿음과 사랑으로 이룰 그 기적을 바라보고 한 걸음, 한 걸음 그 무거우 걸음을 옮기셨을 것이다. 그 기적, 자녀들이 주안에서 다시 화목하고, 일평생 당신이 간구 해온 기도, 아들 목사가 이새의 아들 다윗처럼 아버지의 마음에 합한 자가 되고, 아들이 섬기는 교회가 주안에서 다시 굳게 서는 기적. 아들 목사가 뭐라고 목청을 드높여도 이젠 하늘 아버지의 때만을 기다리시며.

오, 주님.
아, 나의 어머니.

---

1) 비아 돌로로사(Via Dolorosa) : 슬픔의 길. 예수님께서 브라이도리온. 즉 '관정'에서부터 십자가에 달리신 골고다까지 걸어가셨다는 고난의 길.
2) 구레네 시몬 : 슬픔의 길을 가시는 예수님을 도와 십자가를 대신 진 사람.

2000년 6월 27일 (화)

"내일 내려 가냐?"
"네, 아니 오늘요."
"……."
"손톱 깎아 드릴까요?"
"싫다."

나는 잠시 개인적 볼일이 있어 여행길에 들어섰다. 얼마만의 열차여행인가? 서울 역 플랫폼에 들어섰다. 분주히 사람들이 오고 간다. 열차에 오르다가 문득 한 장면을 회상했다.

'어머니의 손사래.'

아들들이 다 서울로 올라 와 버린 후, 홀로 사역을 위해 목포

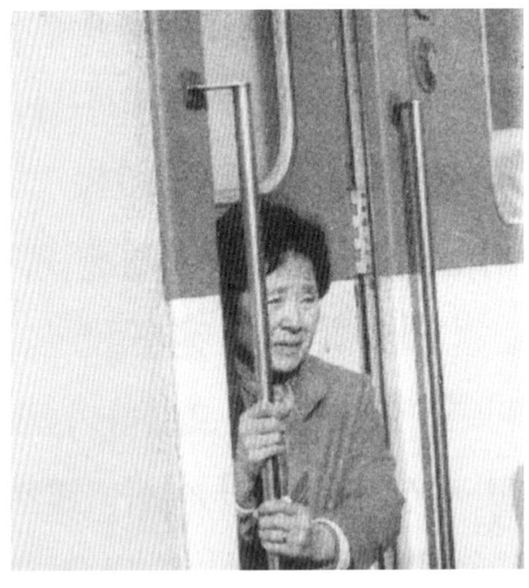

이 모습도
우린 다시 뵐 수 없다.

에 거하셨던 어머니는 명절 때가 되면 당신이 상경하시곤 했다. 꿈같은 그러나 다른 한편으로는 자식들의 그 며칠을 인내하지 못하는 투정과 다툼에, 속이 심히 상하셔서 내려가실 때마다, 어머니는 이 플랫폼을 이용하셨다.

하도 맘이 상해, 다시는 내가 올라오나 봐라, 시던 어머니는 그래도 아들 두 형제의 배웅을 받으시며 열차에 오르시고, 환송객들은 내려 달라는 안내 방송을 끝으로 홀로 열차에 몸을 담으신 어머니. 열차가 기적 소리를 발하고 치익 폭, 칙-폭 애절한 당신의 심사는 아랑곳하지 않고 갈 길을 서두를 적마다, 당신은 자리에 앉지도 아니하시고 차량 난간에 내내 장승처럼 우뚝 서신 채로, 아들들이 뵈지 않을 때까지 그 후로도 한참이나 연신 눈물의 손사래로, 우리를 향해 뜨겁게 다가오시곤 했습니다. 우리도 왜 우리는 그리도 당신의 심정을 상하게 해야만 했을까, 라는 자탄 속에 미어지는 가슴으로 외롭게 떨고 계신 당신이 탄 그 열차를 따라 잡으려는 듯, 함께 뛰며 당신을 부르곤 했었지요. 어머니,

2000년 6월 28일 (수)

모두에게 무책임한 여정(旅程) 속에 내가 있다. 여행이란, 정말 무책임한 인간들의 자기 이익 추구가 아닐까? 버리고 떠나기. 맛난 것 사오겠다며, 노모를 외딴 집에 홀로 유기해 버리고 세상으로 나간 아들. 그 아이러니한 풍경을 나는 내 안에서 본다. 신판 고려장이다. 이 한 날은 어머니에게는 천 날 같을 진대.

그래서 그런 건지, 나에게도 이 하루는 또한 천 날과도 같다. 머물며 함께 견디기. 터미널, 말기 암 환자의 여명. 그 얼마나 인정이 그리운 금 쪽 같은 나날이겠는가?

2000년 6월 29일 (목)

파수꾼이 아침을 기다림보다 더한 시간을 보내다가, 급거 상경했다. 좋아라하시는 어머니. 모처럼 단잠을 주무시는 어머니. 사랑하는 자에게 잠을 주시는 하나님. 사랑하는 사람을 곁에 눕게 해 단잠을 주무시게 하시는 하나님.

2000년 6월 30일 (금)

강남 성모 병원. 호스피스 병동을 찾았다. 담당 수녀와 면담을 했다. 오후 3시부터 4시 사이 외래, 혈액종양내과에서 입원허가증을 받아 오라고 했다. 혈액종양내과, 라니 너무 노골적이다. 은밀함이 사라지는 세상. 톡 까놓고, 다 벗어 재치고 그래서 어떡하자는 건지.

집에 돌아와 보니, 어머니의 상태가 말이 아니다. 며칠 만에 어머니 복부는, 불경스럽지만 비유하자면 개구리참외 껍질처럼 샛노랗고, 금세 터질 듯 팽팽하다. 가까이 있는 경찰 병원으로 모시고 갔다. 응급실로 가라고 해서 갔더니 담당 의사가 처치 불가능하단다. 설령, 자기 병원 환자라 해도 쉽지 않단다. 만일 복수처치 잘못 했다간 더 큰 화를 부를 수도 있다는 것이다. 그리고 절차상 외래를 통해 일정한 검진을 받아야 한다는 것이다. 가만히 들어 보니 맞는 말 같았다.

일단, 집으로 다시 모시고 왔다. 동생이 친구 윤박사가 올 거라고 했다. 알부민만 두 병 사놓으란다. 윤광문집사와 송파구 일대를 더듬었는데도 알부민이 없단다. 약국 생리에 정통한 윤집사 말에 의하면, 수요가 폭증해 감춰 두고도 단골에게만 주는 철이란다. 그래도 구하고, 구하는 자에게는, 구해지는 법인가 보다. 진리다. 용케 두 병이나 구했다. 값이 녹록치가 않았다. 윤박사가 왔다. 간경변 환자에게는 이뇨 효과가 크단다. 그러나 어머니 경우는 다르다고 했다. 그러나 심리적으로 다소 효력을 볼 거라고 했다. 어머니의 경우 복수를 그대로 안고 가시지 않겠느냐고, 그렇게 하는 것이 더 좋을 듯 싶다고 말했다. 간세포가 궤사하면서 담즙을 감당 못해 저렇다는 것이다. 두병을 다 맞춰 드렸다. 심리적 위안이 되시는가 보다. 어려운 하루를 넘겼다. 서로 돕는 형제들의 애정 어린 수고로. 감사한 일이다.

2000년 7월 1일 (토)

어젯밤과 아침 두 번 이뇨제를 투여해서 그런지 소변을 조금 보셨단다.

체기가 도져 드시던 약도 못 드셨다.

독일 누나한테서 전화가 왔다.

"잘하면, 9월쯤엔 나가 볼 수 있을 것 같은데."

9월이라. 저 고통을 안고 과연 이 삼복을 넘으실 수 있을까? 넘게 해 달라고 빌어야 할까?

성남 화자누나 자형이 다녀가셨다. 어머니 용돈 쓰라고 드리고 갔단다. 벌써 몇 번 째 인가? 한번 오실 때 마다 50만원씩이다. 우리가 너무 부담스럽다고 했다. 우리 힘으로도 능히 감당할 수 있다고 말씀드렸다. 그랬더니,

"그러면 내가 외려 섭섭하지. 내가 남인가?" 라신다.

어머니는 조카사위의 성의에 감격해 하신다. 액수가 문제가 아니다. 도타운 정이 눈물겹다. 그 징헌 인정들. 아무튼 어머니 주변에 계신 분들은, 그 누구도 못말릴 분들이시다.

2000년 7월 2일 (주일)

T.V를 보시다가, 느닷없이 광어회가 드시고 싶으시단다. 제수씨가 단숨에 사왔다. 길 건너편 농수산물 시장에서. 염려가 될 만큼, 꽤나 드셨다. 입맛이라도 돌아왔으면 싶다.

열무를 다듬는 외숙모님과 옥선 누나와 아내를 가만히 내려다보시며 절로 흔들거리는 안락의자에 앉아 계신다. 한 폭의 풍경화다.

그 목매이게 그리던 당신의 고향 풍경. 저대로 수 삼년을 정지해 버려도 좋을 듯싶은. 그 정겨움.

2000년 7월 3일 (월)

또, 하루 종일 굶으셨다. 약 드시는 것도 마찬가지다. 저녁에 한 숟갈 드시는 둥 마는 둥 하시더니 바로 침대에 드러누우셨다. 한 끼도 거르지 않으시던 이 닦기도 관두시고. T.V 소리도 듣기 싫어 하셔, 외숙모님은 방에서는 그림만 보신 단다. 그렇게도 정확하신 분이, 내일 약 타러 가는 줄로 착각하신다.

"약 타오지 마, 약 더 있어."

이젠 혼자 일어나시지도 못하신다. 똑 바로 눕지도 못하신다. 엉치 뼈가 아프시단다. 악한 세포가 전이된 건가? 해서, 오른 쪽으로만 돌아누워 계신다. 오른쪽 허벅지가 남의 살 같다고 하신다. 어머니의 앙상한 장딴지를 만져 봤다. 피골이 상접하다는 말이 실감 났다. 병원에서 주치의가 잘해야 당신의 여명이 3개월 정도라고 했던 말의 과학적, 임상 통계학적 의미를 절감할 수 있었다.

"저 무릎은?"

전형적인 60년대 심방전도사의 모습

그 어떤 무릎인가? 낙타 무릎이란 말이 인구에 회자되고 있다. 나는 낙타 무릎을 본 적이 없다. 그러나 상상할 수는 있다. 평생을 팍팍한 모래 밭 길을 쉼 없이 헤치고 또 헤쳐 나가야만 하는 처절한 사명을 부여받고 태어난 무릎. 강훈련을 받는 운동선수들조차 일정한 단기간 동안만 거치는 지옥 훈련 코스라는 모래 밭 길. 그런데 그 험한 길을 평생 오가야 하는 순명의 무릎. 낙타 무릎.

아니, 나는 실제로 낙타 무릎은 보고 자랐다. 어머니 무릎, 버스도 없는 지방 소도시, 우리들이 한 시간여 씩을 걸어 통학했던 시절, 어머니는 하루 종일 걷고 또 걷는 심방 전도사셨다. 해발 228미터 유달산 중턱 마을에서부터 골목 마다 마다를 걷고 걷기를 당신은 칠순이 거의 다 되시도록 까지 계속하셨던 것이다.

내 유년의 기억 속에는 심방을 마치고 돌아오신 어머니의 그 마른 모래 알갱이들이 서걱거리는 무릎을 연신 주물러 드리는 일이 제일가는 당신을 위한 선물이요, 효도였다. 밤새 두 무릎의 연골이 닳는 극심한 통증 때문에 끙끙 앓으시며, 밤잠을 설치시던 어머니의 신음소리는 우리의 가슴을 늘 미어지게 했던 소리였다. 그러나 어머니는 새벽 같이 일어나셨고 그리고 고된 하루, 하루를 무릎으로 다시 시작하시곤 했다.

그러니까, 당신은 회중들이 마루에서 의자로 옮겨 앉기 시작한 문화적 충격 속에서도, 기도만 할라치면 그 장의자 위에 올라, 아픈 두 다리를 팍 꺾는 고행을 깊은 신심으로 주께 드려 왔었다. 내가 신유사역목회로 진입했던 시기, 어머니의 나의 영력에 대한 판별 기준이 당신의 무릎이었다. "우리 김목사 기도를 받고 났더니, 이렇게 무릎이 팍 꿇어져, 전혀 아프지가 않아," 그리고 칠순 무렵 사역을 은퇴 하신 후, 거의 십여 년의 세월을 두 문불출 어린 손녀 딸 들을 양육하시느라 매일처럼 그 아픈 무릎을 오므렸다 폈다를 하루에도 수십, 수백 번도 더 반복하셔야만 하셨던 것이다. 헌신과 희생의 무릎, 그 누가 감히 이 어르신의 무릎 외에 낙타 무릎이라고 말할 수 있을까 싶다. 그런데 그 강인한 당신의 무릎이, 이젠 새의 깃털처럼 가벼운 당신의 체중도 이겨내지 못하고 있는 것이다.

무릎에서 무릎으로, 당신의 사명은 이렇게 그 무릎으로 마감되어 가고 있는 것이다. 가장 나아종 지닌 것을 그리라 하올제, 고(故) 김현승 시인은 그 '나아종 지닌 것'이 '눈물'이라 했지만, 어머니는 당신의 그 낡고, 병든 '무릎'을 마지막 산 제물로 주님께 드리고 있다. 그래, 그 제물의 향연(香煙)이 지금 막, 하늘로 피어오르고 있다.

2000년 7월 4일 (화)

마침내,

"낫지도 않는데."

약을 거부하셨다. 누나가 묽디묽은 서숙 밈을 쒀서 드렸다. 제수씨가 밤 11시 30분에 귀가 했다. 화장실도 벽을 더듬어 집고 비틀비틀 겨우 왕래하신다. 어머니 곁에서 잤다. 행여 무슨 일이 있나 싶어, 자다가도 어머니 숨소리에 귀를 바짝 기울여 본다.

2000년 7월 5일 (수)

이제, 겨우 침상에서 멀건 서숙 밈 한두 숟갈로 끼니를 때우신다. 원더랜드 통학차를 타러 평리가 뛰어 나간다. 돌려 세워 할머니께 인사를 시켰다. 이제는 유치원엘 다녀와서도 엄마만 찾는단다. 할머니는 찾지도, 들여다보지도 않고.

"다들 필요 없어이" 숙모님 말씀에,

"그래도 나는 평리 밖에 없어"

당신은 일편단심 민들레다.

수요예배 때문에 오후에 집으로 왔다가, 밤에 화장실 다니실 위험 때문에, 작은 누나가 걱정을 해서 밤 11시 반에 어머니께로 다시 오셨다.

2000년 7월 6일 (목)

오전 9시 55분, 주치의 면담. 이후, 사람을 알아보지 못하시고, 혼수상태에 빠지거나, 계속 잠만 주무시거나 하면 병원으로 모시고 오라고. 법적 문제도 있고 하니, 병원에서 운명하시는 것이 더 나을 거란다.

엉치뼈 통증의 원인에 대해 물어 보니, 두 가지 이유일거란다. 하나는, 살이 없고 육중한 배에 눌려서 그러실 것이고, 다른 하나는, 뼈로 암세포가 전이되어 있을 수도 있단다. 진통제만 일주일치 처방해 주었다. 차기 예약 날짜 7월 13일 오전 9시 55분. 그런데, 어쩐지 그 예약일은 무의미한 약속인 것만 같다.

2000년 7월 7일 (금)

병문안 왔던 분들을 바래다주러 분당엘 갔다가, 친구들을 만나, 밤 12시 경에 들어 왔더니, 어머니께서 오른쪽 허벅지에 통증이 심하다고 하셔서 진통제, 타이레놀을 한 알 드렸더니, 그 약 한 알도 못 삼키신다. 화장실을 다녀오신 후, 이내 자리에 누우시더니

"예리 아빠야, 내 머리맡 베개 밑을 더듬어 봐라." 신다.

나는 뭐가 불편한 이물질이 박혀 있어서 그런 줄 알고 손을 넣어 더듬어 보았다.

"아무 것도 없는데요."
"더 깊숙이 손을 넣어 봐."

나는 손을 깊숙이 넣어 여기저기를 더듬어 보았다.
"엄마, 아무 것도 없어, 뭐가 불편해?"
"아니, 밑에 깔린 시트하나 걷어 내고 잘 더듬어 봐."

뭔가 손에 집혔다. 봉투 같은 거였다. 두툼한 봉투였다.

"여기, 봉투 하나 있는데요."
"그래, 그거다."
"우리 예리 갖다 줘라."
"네?"

돈 봉투였다.

"우리 예리 등록금으로 모아 둔거다. 예리 등록금에 보태라. 한 2백 만 원 정도 모으려고 했는데, 모을 수 있었는데……."

"……."

어머니는 가쁜 숨을 내쉬었다.

"한스럽다. 내가 건강하면 어떻게든 모을 수 있었는데"

다시 숨을 몰아쉬신다. 심적 고통도 더해지시는가 보다.

"이젠, 틀렸는갑다. 백만 원이다. 우리 예리 등록금이다."

"엄마……."

"그 누구에게도 말하지 말고, 딴 데 쓰지 말고, 잘 나뒀다가, 보태라. 꼭 2백만 원 만들려고 했는디."

침묵이 흘렀다. 긴 침묵이. 사위는 더욱 깊고 엄숙해져 갔다.

"예리 줘라. 우리 예리."

"알았어. 엄마."

"이제, 이불 좀 덮어 주라."

나도 불을 끄고 누웠다. 쉽게 잠을 이룰 수가 없다. 물론 단돈 일백만원 때문이 아니다. 이제는 이아들을, 저 손녀딸을 더 이상 도울 수 없는 당신의 안타까운 육신적 한계가 서러워서이다. 더 오래 사셔서 한 천 만원, 아니 수천 만 원이라도 손주 녀석들을 위해 모아 보시지 않으시고, 이렇게 서둘러 가셔야만 하는건지?

2000년 7월 8일 (토)

꿈을 꾼 것만 같다. 한편의 드라마 같다. 내가 이런 멜로드라마의 한 배역이 될 줄은 꿈에도 생각해 본 적이 없었는데. 인생사 실로 드라마보다 더 드라마틱하다.

비몽사몽간에 집으로 돌아 왔다. 어젯밤 어머니와 나 사이에 있었던 비사(祕事)를 아내에게 털어 놓았다. 내 상념 부분은 일체 가린 채. 밤에 제 엄마가 예리를 불러 전했다. 예리가 통곡을 했다.

고교 2년생인, 이 아이도 다 알고 있다. 그 돈 백만 원의 사연 많은 내력을. 아빠의 위기. 할머니께서는 그 가련한 실상을 얼마나 가슴 아파 하셨던가를. 그리고 그 동안 있는 물질 없는 물질, 모조리 다 교회에다 바치고, 손주들 손에 다 쥐어 주시면서도 늘 아쉬워하시던 할머니의 그 애틋한 손길을. 그 슬픈 비애를. 동리와 나리가 놀라 튀어 나왔다.

2000년 7월 9일(주일)

불효다. 후회막급이다. 어젯밤에 불가항력적인 연유로 어머니 곁에서 밤을 지내지 못했었는데, 화장실을 제대로 가실 수 없어 고생하셨다는 것이다. 외숙모님께서 너무나 곤하게 주무시길래, 차마 깨울 수 없으셨다고 했다. 정말 죄송했다.

예리, 동리, 나리를 데리고 갔다. 아픔을 아는 나이여선지, 예리는 할머니 주위를 맴돌며, 뭔가 도움이 되고자 애를 쓰는 모습이 역력하다. 얼마나 아름다운 모습인지, 그 등록금 건 때문에 더욱 애틋해진 듯 보인다. 생명을 나눠주신 할머니란 말이 생생히 체험되고 있을 거다. 어머니는 당신의 큰손녀 딸에게 귀한 사랑 나누기, 감동 나누기를 가르치고 계신다.

아내가 어머니께 그 비사(祕事)에 대해 이야길 나눈다.

"절대로 딴 데 쓰지 말아라."

"꽉 묻어 둘게요, 어머니."

제대로 걷질 못하신다. 제대로 뒤로 넘어지려고만 하신다. 엉치뼈와 오른쪽 허벅지 통증이 더하신가 보다.

"이 고통을 언제까지 겪어야 하나," 탄식하신다.

튀긴 감자가 눈에 띄셨는지 한조각 베어 드셨다. 이내 배탈이 나셨다. 정로환을 찾으신다. 누나가 몸을 씻겨 드리고 속옷을 갈아 입혀 드렸다. 딸이 역시 최고다. 밤에는 어쩔 수 없이 기저귀를 차고 주무셨다. 정말 서서히 돌아가고 계시는가 보다.

2000년 7월 10일 (월)

강남성모병원 호스피스병동에서 입원하겠느냐고 전화가 왔다고 한다. 제수씨의 연락이다. 확인 전화를 했더니, 벌써 내원 환자에게 자리를 배정해 버렸다고 한다. 어머니는 또 병원이냐고 고개를 절래, 절래 흔드신다.

이민정 집사가 왔었단다. 어머니를 위해 기도했단다. 어머니는 기도 후, 너무나 좋아라 하셨단다. 그 자리에 함께 있었던 작은 누나의 말이다. 그 기도의 내용이 절절이 어머니의 심정을 대변했다는 것이다.

"우리 전 전도사님의 가족, '천국 가족' 이루어 주소서,"

'천국 가족.'

누나의 말에 의하면, 어머니께서는 그 어떤 것보다 더한 한 가지 소원이 있는데, 그것은 자신의 회복이 아니라는 것이다. 어머니의 유일한 기도 제목은, 당신의 자녀손들이 단 한 사람도 낙오 없이 저 천국 가족이 되는 것이란다. 그런데. 이집사의 기도가 어머니의 간절한 침묵의 언어를 대언했다는 것이다. 아직도 깨어지지 못한 자식들. 해서, 당신의 애타는 심령을 성령께서는 한 평범한 성도를 통해 토로하신 것이다. 평범한 성도? 아니다 그녀는 결코 평범한 성도가 아니다. 그 이민정집사 또한 목회자의 딸로 태어나고 자랐는데, 자신의 비뚤어진 신앙 행각 때문에, 그 아버지 목사님이 마지막 순간에도 제대로 눈을 감지 못하셨다는 것이다. 그녀는 그 사실을 매우 가슴아파하며 통회하는 심령으로 살아가고 있다고 한다. 주부로서 늦깎이 신학생이 되었던 까닭도, 바로 그런 연유였단다. 그런 그녀의 기도였으니, 당연히 어머니의 상한 심령의 위로가 되지 않았겠는가? 결코 책에서 배우거나, 남 따라 배울 수 없는 기도. 자신 안에서 숙성된 자신의 것만이 진정한 기도일 것이다. 듣는 이의 심금을 울리는, 어머니께서 제일로 기뻐 받으신 기도. 그 기도가 속히 당신의 생전에 응답되어 지길, 나도 기원해 본다.

2000년 7월 11일 (화)

윤동주님의 이런 시가 눈에 들어 왔다.

간 肝

前略

내가 오래 기르던 여윈 독수리야!
와서 뜯어 먹어라, 시름없이

너는 살찌고
나는 여위어야지

별 하나의 憧憬과
별 하나의 詩와
별 하나의 어머니, 어머니

2000년 7월 12일 (수)

작은 누나가 이틀 째, 어머니와 잠.
오늘 밤도 나는 어머니께 가보지 못했다.
이틀을 뵙질 못했더니,
당신이 아득하다.

2000년 7월 13일 (목)

아침에 긴급한 전화가 왔다. 어머니께서 자발적으로 병원에 가시겠단다. 어젯밤, 허벅지 뼈 통증이 너무 심해 한밤을 꼬박 새우셨다며. 사태가 긴박했다. 강남성모병원 호스피스 병동에 전활 넣었다. 베드가 없단다. 난감했다. 그러나 어머니께서 원하고 계시니까 그 동안 다니셨던 큰 병원에라도 모시고 가기로 했다. 해서, 운신하시기 어려운 분을 어떻게 병원으로 안전하고 무리 없이 모실 수 있을까 여러 방안을 찾고 있던 중, 뜻밖에 다시 호스피스병동에서 전화가 왔다. 입원하시라고 했다. 어떻게 효과적으로 모시고 갈 수 있겠느냐며, 그 쪽 응급차를 보내 줄 수 있는냐고 물었더니, 119로 연락하란다.

그리고 살아 있는 환자의 병원 행은 119가 맡는 데 무료란다. 사망 시에는 129를 불러야 하고.

제수씨에게 전활 넣었다. 119를 불러 어머니를 가락동 그곳에서 강남 그 병원으로 직행하면, 나는 중계동 작은 누나를 모시고 곧장 그 병원으로 가겠다며, 보다 신속한 양동 작전을 펼치자고 했다. 나는 동부간선도로, 한강 고수부지를 타고 도는 논스톱 차로를 따라 35분 만에 강남 터미널 부근에 있는 그 병원에 도착했다. 급히 오던 차중에서 성남 매부의 안부 전화를 받았다. 그 사이 가락동으로 어머니의 용태를 전화로 물었던 홍제동 누나는 응급차로 실려 가셨다는 말씀을 외숙모님한테 듣고는 올 것이 왔나 싶어 울고불고 난리가 났었단다. 사실이 그랬다 다소 시간 차이만 있을 뿐, 당신은 응급차의 속력만큼이나 빨리 그 생의 종착역을 향해 달려가고 계셨을 것이기에.

여긴 확연히 달랐다. 경건하고, 엄숙하며 몸에 밴 친절이 물씬 풍기는 병동. 은은한 찬미가 울려 퍼지고 있었다. 라이브였다. 어머니는 병실을 잡고 침대에 누워 계셨다. E 304 호. Emergency Room 304호란 말이었다. 드디어 돌고 돌아 당신은 응급실로 입실하신 것이다. 담당 수녀 간호사와의 면담이 있었다. 어머니가 도착하시자마자, 5인실부터 찾더라며 웃는다. 부모들은 다 그러시더라며. 그녀는 그동안의 경과와 나의 대처 방안들을 물었다. 나는 덜 아프게 해드리는 것 밖에 다른 요구가 없다고 했다. 주사 바늘 하나라도 신중의 신중을 기해 꼽아 달라고 부탁했다. 수녀님은 만족한 듯 미소를 머금으시며, 보호자분의 생각에 전적으로 동의 한다며, 소신대로 밀고 나가라고 하셨다. 감사했다.

동생 성범이가 생각이 났다. 어머니의 치료 방식을 놓고, 우리는 그 동안 여러 지혜를 모아 왔는데, 우리 둘 사이에는 각기 다른 입장들이 있었다. 내 입장이 어머니에게 더 이상 외부적 고통을 가하지 않는다는 소극적 방식이었다면, 동생은 한 치라도 더 나은 결과를 위해 백방으로 어머니의 치료를 돕겠다는 입장이었다. 오늘 이 호스피스 병동에도 동생이 여러 경로와 정보를 그 멀리 경주에서 얻어 내, 어머니를 지금 이곳으로 모시고 오게 된 것이다. '니가 정말 효자다.' 이런 말이 자연스럽게 내 입에서 흘러 나왔다. 동생이 서울에만 있었어도, 어머니는 지금보다 더 한결 나은 대접을 받으셨을 텐데,

호스피스 입 퇴원 기록지를 작성했다. 그 기록지에는 의료 과학적이고, 구체적 돌봄의 유무 상태, 현재 환자와 보호자의 삶의 질에 대한 만족도 등을 체크하는 실제적이고 효과적인 설문들이 제시되어 있었다. 여러 서류 가운데 호스피스 동의서도 있다.

호스피스 프로그램 목록에서 환자 자신이 가장 원하는 항목을 중요한 순서대로 적어 달라는 설문지에 나는 다음과 같이 순서를 매겼다. (괄호 안의 숫자가 내가 호스피스 병동에 요청한 우선순위다.)

*통증 조절과 신체적 증상들의 의학적 조절 (1)
*정신적, 심리적 상담과 지지 (2)
*영적 지지 (3)
*신체 간호(목욕 마사지, 머리 감기, 양치질) (4)
*영양학적 조언과 평가 (5)
*재정적, 법적 상담과 조언 (6)

*자원 봉사자의 도움(보호자 역할, 말 벗, 산보, 심부름) (7)
*가족의 휴식 (8)
*가족 구성원들에 대한 계속적 지지와사별 간호 (9)
*가정 호스피스 간호 (10)
*그 외 중요한 것 (11)

여긴 확실히 달랐다. 사람을 육으로만 보지 않고, 영과 혼과 육이 하나인 전인(全人)으로서의 인간 이해를 하고 있었다. 나는 이상의 순서대로 우선순위를 적어 나갔다. 내가 첫 손가락으로 꼽은 '통증 조절.' 그것만으로도 나는 만족할 수 있었다. '영적 지지'를 우선시하지 않은 것은, 내 믿음의 질이 묽어서 그런 것이 아니다. 나는 육신으로서의 어머니에 보다 더한 관심과 배려를 아끼지 않고 있기 때문이다. 그리고 극심한 육체적 고통 속에서 힘들어 하시지만, 적어도 우리 어머니는 영적으로 자신을 돌 볼 힘이 있는 분이라고 여겼기 때문이다. 그리고 나는 돌고 돌아 내가 찾고자 했던 가장 이상적인 병동으로 찾아 들었다는 안도감도 동시에 느꼈다.

호스피스 병동은 환자의 자율적 그래서 책임 있는 결정을 우선시하고 있었다. 호스피스 동의서 (보호자 기록用) 그 첫머리가 이랬다.

"강남 성모 병원 호스피스 병동에서는 환자가 입원 시 스스로 책임 있는 결정을 하도록 권하고 있습니다. 주치의는 환자의 병과 예상되는 진행 과정에 대해 필요한 정보와 충고를 하여 진실되이 돕도록 준비하고 있으며, 이에 환자에게는 자신의 남은 생애 기간 동안 질적인 삶을 위한 신체적, 정서적, 영적 도움을 위하여 격려와 지지를 하고 있습니다. 단, 환자나 보호자의 동의에 의해서 이루어지며, 원의가 없을시 철회할 수 있습니다."

환자의 남은 생애 기간 동안의 질적인 삶을 위한 전인적(全人的) 돌봄. 이어지는 동의 내용은 여섯 가지였다. 나는 흔쾌히 서명을 했다. 왜냐하면 내가 그동안 병원들마다에 요구하고 싶었던 말들이 일목요연하게 정리되어 있었기 때문이다. 그 여섯 항목 중, 특히 내 눈에 든 것은

"2. 호스피스 환자를 위하여 편안한 치료제공과 동통 완화, 증상관리를 위해 꼭 필요한 것만 제공함을 이해합니다.
5. 호스피스 환자는 임종 시에 심폐소생술을 실시하지 않고 자연스럽고 평화로운 임종을 받아들일 것을 동의합니다."

라는 두 항목이었다.

세상에나, 복음이 따로 없었다. 나는 가벼운 흥분마저 느꼈다.

'자연스럽고 평화롭게.'
이 말은 이 땅의 환자들이 그 동안 매우 부자연스럽고, 불편

한 처치를 받았다는 말이다. 문명의 이기가 흉기가 된 세상. 무작정 메스만 들이대는 세태. 그뿐 아니라, 종교라는 이름으로 강요된 윽박지르기,

난, 극심한 고통을 수반한 위암으로 죽어간 우리 중배 형 생각을 다시 떨쳐 버릴 수가 없다. 그런데 나도 그 종교적 윽박지르기의 한 동조자였다. 형을 살리겠다고 나선 어느 기도원 행, 나는 집회 도중, 내가 그만 어떤 감동과 확신에 젖자, 비틀거리는 형을 끌고 강단 앞으로, 앞으로 나아갔었다. 주연인 당사자의 믿음이 전제되지 않은 조연들의 몸부림, Don,t over! 예수님께서도 당신에게 기적의 치유를 받은 이들에게 네 믿음이 너를 구원했다. 라고 말씀하시지 않았던가? 내가 고쳤다, 하시지 않고 말이다. 환자의 믿음이 전제되지 않은 강요는 결국 허사로 끝났고, 그 다정다감했던 중배 형은 나중에, 나와 예수쟁이들이 그의 형벌(?)의 방에 들어서면 못마땅한 얼굴로 고개를 돌려 버렸었다.

그것이 종교라는, 믿음이라는 이름으로 강제된 일종의 심폐소생술이었다. 그 형은 모르핀 한번 제대로 맞아 보지 못하고 너무도 부자연스럽게 이 땅을 하직했다.

환자 자신의 동의가 전제되지 않은 밀어붙이기.

그러나 여기서는 제도적으로 그런 무모한 보호자들의 요구를 철저히 봉쇄해 버리고 있었다. 더구나 수지 타산도 안 맞는다는 병동에서 말이다. 이런 생각을 하고 있던 나에게 면담을 담당했던 간호사 수녀는 마지막 가는 환자에게 심폐소생술을 시행

한다는 것은, 엄청난 고통과 충격을 가는 것이라는 설명을 덧붙였다. 우리 서로서로 자연스런 삶과 죽음을 위해서, 누가 누구를 위해 있고, 무엇이 무엇보다 더 소중한가에 대한 우선순위를 바르게 정의할 수 있는 세상이 왔으면 앞당겨 왔으면 좋겠다고 말했다. 진정 좋은 세상은 바로 그 '자연스러운' 세상이 아닐까라는 평범한 속에 내재한 진리를 나는 여기서 새삼 확인했다.

- 오전 12경 혈액 채혈, 진통제(모르핀) 투여
- 오후 1시 30분 X-ray : 복부, 둔부(엉치 뼈), 허벅지(오른쪽 다리)

매일 시간시간 섭취량, 배설량을 기록지에 check up 하란다. 어머니의 신음 소리가 심상치 않다. 오른 쪽 허벅지 뼈가 바늘로 콕, 콕 쑤시듯 아프시단다. 진통제를 부탁했다.

E 304 호, 4인실, 건너편 침상으로 한 청년이 조용히 들어섰다가, 다시 도둑고양이처럼 뒷걸음쳐 나간다. 26살짜리 말기 암 환자와 그 아내, 그리고 백일 갓 지났다는 젖먹이가 뒤엉켜 천지를 분간 못하는 깊은 잠에 빠져 있다. 절망의 잠인가? 깨어 날 것 같지가 않다. 그리고 어머님이 입실하셨을 때, 바로 옆 좌석에 있었던 아낙이, 불과 대 여섯 시간 후에 엘리베이터 쪽으로 실려 가더니 사망 했다는 소식이 들려온다. 누군가가 한마디 덧붙인다. 어머니가 누우신 바로 그 침대에서 지냈던 환자는 오늘 오전 11시에 갔다고. 해서, 어머니께서 입원 순번을 타셨다고. 섬뜩한 소리다. 이런 현실이 말기 암 병동인가 보다.

• 오후 7시 20분경

잠시 밖에 나왔는데, 병원에 있는 작은 누나에게서 긴급 호출이 왔다. 어머니가 두 번이나 토하셨단다. 거친 숨소리가 심상치 않다. 동네 분위기가 그래선지 바짝 긴장이 된다. 간호사가 호흡을 재라고 한다. 1분에 8번 정도 호흡하는가 체크 업 하란다. 진통제(몰핀) 영향일 수 있다는 것이다. 8 내지 9 초 만에 숨을 몰아 내 쉬고, 내 뱉고를 반복하신다.

前略

사람이 사람답게 사는 것의 소중함과
사람이 사람답게 죽는 것의 어려움을
한 몸으로 가르쳐주며
너는 자꾸 죽어 가는구나

後略

(이승하 詩, 안락사를 꿈꾸며)

사람답게 죽는 것도 어려운데, 나는 당신에게 신앙인답게, 명예 전도사답게, 가셔야만 한다고 강요해 왔었구나. 누구를 위해, 무엇을 위해. 그러나 당신은 나의 불손을 탓하지 않으셨다. 오히려 내 지시에 충실하게 따르셨다. 그 누구를 위해, 그 무엇을 위해 그래야만 한다시며.

신앙인답게 사는 것의 보배로움과

신앙인답게 죽는 것의 보람을
우리에게 온몸으로 보여 주시며
당신은 우리 안에서 다시 살아나고 있다.

이젠 죽어도 여한이 없다

이 말씀이 무슨 말씀인가? 나는 순간 십자가상의 예수님의 말씀이 연상됐다. 저 말씀은 "다 이루었다."는 말씀이 아닌가? "테텔레스타이(다 이루었다)." 죽음으로 자신의 사명을 완성하신 예수님의 선언을, 이 아침 나는 우리 어머니의 입을 통해서도 듣는다.

이젠 죽어도 여한이 없다

2000년 7월 14일 (금)

"이젠 죽어도 한이 없다."

이 말씀이 무슨 말씀인가? 나는 순간 십자가상의 예수님의 말씀이 연상됐다. 저 말씀은 "다 이루었다."는 말씀이 아닌가?

"테텔레스타이(다 이루었다)."

죽음으로 자신의 사명을 완성하신 예수님의 선언을, 이 아침 나는 우리 어머니의 입을 통해서도 듣는다.

"네? 어머니, 무슨 말씀이세요?"

"내, 강요 않고, 기다렸는데(사랑으로)."

작은 아들 내외가 돌아 왔단다. 그 동안 여러 가지 시험에 빠져 신앙생활에서 멀어졌던 동생 내외가, 이 아침에 어머니 앞에 무릎을 꿇었단다. 대표로 제수씨가 결단을 드렸다는 것이다. 어머니의 하나님이, 나의 하나님이라고 고백했단다. '어머님의 교회가 내 교회'라고 동의했단다. 해서, 어머니는 감격하신 거다. 이제 그 제일 힘든 마지막 사명을 이렇게 극적으로 완성하셨다는 것이다.

믿음은 강요되어 질 수 없다. 그러나 때때로 불러일으킬 수 있을 뿐이다. 교육신학자 로저 쉰(Roger L Shinn)의 이 말을 나는 그 동안 즐겨 인용했었다. 그런데 그 확증을 우리 어머니 안에서 발견한 것이다.

"내가 한마디 강요 않고 오직 내 몸을 온전히 불사르는 사랑으로 저희들을 대해 왔더니, 간절히 기도로 기다렸더니 그래 재들이 돌아 섰어 아니 돌아 왔어. 자발적으로. 이제 난 죽어도 좋아, 죽어도."

아가서(雅歌書)의 한 구절이 떠오른다. "사랑은 죽음처럼 강하고(아8:6)." 생텍쥐페리, "사랑은 기도를 연습하는 일이며, 기도는 침묵을 연습하는 일이다."

이렇게, 사랑과 기도와 침묵으로 그 사명을 다 이루신 어머니, 그 기적의 선언을 나는 들으며, 반가움보다는 어머니가 그동안 태우셨을 애간장 때문에 눈물이 핑 돌았다. 어찌 그 당신의 아픔이 저들 때문 만이겠는가? 우리, 잘 살지 못했던 형제들의 부실한 믿음 때문이다. 아니 나 때문이다. 전적으로 목사인 이 사람 , 때문이다. 송구스럽고 심히 부끄러웠다. 그랬다. 어머니가 옳았다. 그 사랑만이 능력이라는 말씀이, 그동안 주변 사람들이,

"전도사님, 신앙생활도 잘 안 하는 아들집에서 종노릇해 봐야, 헛일이에요, 헛일," 이라며 매서운 훈수를 뒀고, 나도 때때로 그 애들 확 좀 확 끌어내시지 않고 뭐하시느냐고, 열을 냈었다. 하지만 어머니는

"돌아 올 날 있겠지, 기도하고 사랑으로 감싸면 한없이 감싸고 또 감싸면 그들도 언젠가는 녹아질 거야." 라고만 말씀하셨었다.

파수꾼이 아침을 기다림보다 더한 기다림. 그런데 그 날이 드디어 이렇게 온 것이다. 전혀 녹여지지 않을 것 같은 심령들을 마지막 카드 당신의 육신을 태워 녹이심으로, 후회라면 너무 늦고, 회개라면 그래도 빠른 그들의 유-턴. 울 수도 웃을 수도 없는, 25시의 피날레.

"성범이가 보고 싶어, 성범이가,"

나는 어머니의 혼수상태가 심각한 수준에 이르렀다고 생각하여 동생을 올라오라고 할까 싶어 간호사와 상의 중이었다. 간호사는 진통제의 영향이라며 아직은 더 지켜보자고 했다. 그 대화의 내용이 어머니께 들렸나보다.

"왜, 못 올라오게 해,"
"아, 어머니, 내일 올라오라고 했어요, 내일 올라 올 거예요,"

이런 대화 끝에 동생이 보고 싶다고 하셨다. 그리시고는

"성범이가 보고 싶어, 성범이가, 우리 성범이가 효자여, 우리 미리 엄마하고 둘 다,." 라고 혼잣말처럼 중얼거리시다가,

"이제 죽어도 여한이 없다."고 말씀하신 것이다.

"천하를 얻은 것 보다 더 기쁘다 기뻐,"
어머니는 너무도 좋아라 하셨다. 갓난아이처럼,

오후,
호스피스 회원들이 들어 왔다. 오전에 이 분들이 어머니 목욕을 시켜 드렸단다. 머뭇거리며 우리들의 눈치를 본다. 나는 찬송을 불러 달라고 했다. 어머니께서 개신교 전도사님이시라고 소개를 했다. 어쩐지, 인상이 다르시더라. 우리는 찬송을 함께 불렀다. 개신교 찬송가로. 어머님이 찬송가 곡을 선정하셨다.

^ 82장 - 나의 기쁨 나의 소망이 되신 주
^ 376장 - 내 평생 소원 이것 뿐, 주의 일 하다가
^ 415장 - 주 없이 살 수 없네

"오늘은 좀 가벼우세요"
"편안해요."

호스피스의 영적 역할에 대해서도 새론 이해를 갖게 됐다. 귀한 사역이다.

"의사양반들 자기들끼리만 뭐라고 영어로 속닥거리더라."

어제 검사한 몇 가지 것들에 대한 진단 결과가 궁금하신가 보다. '아직도?!' 병명을 일러 드리지 않은 것이 잘못된 일이 아닌가 싶다. 정확한 병명을 일러 드리는 것이, 당신의 삶을 되돌아 보시고, 깔끔하게 정리하시며, 보다 품위 있는 마무리를 하실 수 있게 하는 것이 아닐까, 작은 반성이 내 안에서 인다. 아직도 은밀히 내비치시는 소리 소문에 대한 어머님의 관심이 애처롭고 한편으로 천하다(?)는 생각이 퍼뜩 들었다. 가감 없는 내 느낌이다. 그 질긴(?) 생명의 애착, 죽을 염려 없는 듯 살아가는 나에게는 말이다.

이번 어머니의 병환을 지켜보면서, 어떤 이가 이런 말을 했단다.

"신앙인들이 하늘나라가 좋다면서도, 왜 이 땅에서 단 하루

라도 더 머물려고 하느냐?" 라고 물었단다.

작은 누나는, 육신은 땅에 속해 있으므로 여기서 살고 싶은 것이라고 답해 줬단다.

나는 어머니의 경우를 통해서 볼 때 다음 두 가지 이유를 들 수 있을 것 같다.

먼저 하나는, 책임 때문이라고 생각해 본다. 내 유년 시절, 어머니의 임사체험(臨死(體驗)이 그것을 말해 준다. 하늘의 부르심을, 당신이 거둬 먹여야 할 자식들 때문에 거부했다는 사실에 비추어 볼 때, 미처 다 마치지 못한 숙제들 때문에, 우리는 이 땅에 좀 더 머물기를 원하는 것이 아닐까?

그리고 다른 하나는, 잠시만 놀다가고 싶으셔서, 이것은 이 땅

이렇게 민들레 홀씨처럼 훨~ 훨 딱 3년만 휴가를 주실 것이지....

을 천국 삼아 불로초를 구하려던 진시황의 염원과는 그 차원이 사뭇 다르다.

어머니는 손녀딸들 다 키워 놓은 이 시점에서, 앞으로 한 3년만 더 살기를 원하셨다. 한 3년만 자유 시간이 주어지면, 민들레 홀씨처럼 가시고픈 곳으로 훨훨 날아다니고 싶으셨던 것이다. 그런데 잔인하게도 하늘은 그런 사치스런 휴식을, 당신에게는 허락하지 않으셨다. 이내 마지막 사명, 그 무거운 짐을 지게 되신 것이다. 온 몸을 태워야만 녹일 수 있는 것들을 녹여야만 하는, 어머니는 단지 그것이 안타까우실 뿐이실 게다.

사족 같은 이야기. "신앙인들이 하늘 나가라 좋다면서도, 왜 이 땅에서 단 하루라도 더 머물려고 하느냐?"는 의문에 대해, 나는 '곳간의 쥐와 뒷간의 쥐' 이야기가 한 대답이지 않을까 생각해 본다. 철학자 김형석 교수의 글을 읽어 보면, 그의 조부님께서 늘 어린 그에게 '곳간의 쥐와 뒷간의 쥐' 이야기를 해 주셨단다. 오물만 먹는 뒷간의 쥐가 조금만 생각을 바꾸고 수고를 기우려 곳간으로 옮기면 좋은 양식을 배부르게 먹을 수 있을 텐데, 미처 그 복음을 깨닫지 못해 늘 시궁창에 머물러 있다며, 너는 곳간으로 옮겨가는 생각들을 놓치지 말고 그 수고를 아끼지 말라고 하셨단다. 그렇다. 우리는 저 곳간 같은 천국의 풍요를 미처 알지 못하기에, 이 땅만 집착하는지도 모르겠다.

밤,
"누구 왔다 갔어?"
"예리 엄마는?"
"다갔어?"

"엄마, 다들 오라고 할까?"
"누구 왔다 갔어?"

진통제를 2 회 투여.

• 위기 상황 : 밤 10시 51분부터 55분 사이

처음에 나는 이제 어머니의 호흡이 안돌아 올 것만 같았다. 입이 바짝 탔다. 큰일 났구나 싶었다. 한번 숨을 들이마시더니, 숨이 돌아오지 않았다. 쑤욱 내려갔다. 완전 저공비행이다. 너무 낮고 깊고, 길다. 저러다 땅에 스칠까 두렵다. 간호사를 급히 불렀다. 간호사가 한 5분간 호흡의 횟수를 재어 보고 있으라고 했다. 얼마나 깊은지 한번에 15초 내지 20초가 걸렸다. 5분간 20회. 잠시 부산해졌다. 진통제를 지나치게 과다 투여한 것이 아닌가 싶었다. 달리 처치하는 방법은 없는 듯 해 보였다.

• 밤, 11시 40분

"무울, 물"

물을 청하신다. 빨대로 빨아올리실 힘도 없으신가 보다. 스푼으로 7~8번 물을 떠 넣어 드렸다.

"꿀꺽, 꿀꺽 좀 마시고 싶어."

간호사에게 물었다. 위험할 수 있어요, 라고 말한다. 그런데,

정작 한, 두 스푼 더 드시더니, 손짓으로 거부 의사를 비치신다.

"삼키기가 어려우세요."

그래, 그래 말씀 없이 고개만 끄덕이신다.

2000년 7월 15일(토)

• 오전 1시, 간호사, 어머니 눈을 손전등으로 검안해 보고 나갔다. 저게 뭘까?

어머니 머리맡에만 전구가 켜져 있다. 언짢다. 밤새, 그 어느 병실에선가 통증에 강그라지는 비명이 터져 나왔다. 주여!

• 오전 4시 30분

"물 달라고 그랬어?"

깜짝 놀라 깨어 보니, 어머니의 혼잣말이다. 두어 차례 되물으신다. 어린 평리가 할머니 물 줘, 했나 보다. 동생이 올라 올 때까지 만이라도. 호흡을 재본다. 다행이다. 1분에 8번 정도다. 소변이 마려우신가 보다. 당황되긴 나도 어머니도 마찬가지다. 간호사를 불렀다. 변기통을 찾아라, 그것도 모르느냐는 투다. 아빠가 없던 나는 초등학교 시절에도 엄마를 따라, 연례행사로 여자 목욕탕엘 갔다. 그 때마다, 입 싼 아줌마가, 다 큰 애들을 데려 왔다고 공개적으로 나무랐었다. 그런 투다. 어머니 담당이 아닌 듯 하다.

변기를 대 드렸다. 일회용 컵으로 3분의 1만한 양의 갈근차 같은 소변을 보셨다. 다시 일어나시려고만 하신다. 화장실로만 가시겠단다. 소변을 더 봐야 한다며. 담당 간호사는 노련했다. 친절했다. 그냥 보시라고 권해도, 강한 의지를 내 비치신다. 부축해서 세워 놓으면 이내 쓰러져 내리신다. 아드님 나가라고 할 테니, 여기서 보세요, 라고 애원해도 막무가내시다. 부모 자식 간에. 간호사와 질질 끌듯 화장실로 모시고 갔다. 졸졸졸, 제법 소변이 나왔다. 변기에 앉으신 채, 물을 꿀꺽 꿀 꺽 반 컵 이상이나 드셨다.

"할머니, 이젠 화장실에 가시기 어렵겠네요. 어젯밤, 너무 잠이 깊이 드셔서 아드님과 제가 긴장 했어요."

"오늘은 좀 더 나으실 거예요." 간호사가 나를 쳐다보며 말한다.

동이 터온다.

- 새벽 5시 34분이다. 나는 펜을 들었다. 어머니의 장례식장에서 낭독할 추모사를 썼다. 이제부터는 시간이 살같이 흐를 것이기에.
- 오전 9시경, 주치의 회진, 규칙적이 아닌 증상이 나타날 때, 불규칙적인 처방 하겠다고. 의식도 회복되고, 혈압도 정상이란다.
- 오전 10시경, 유치도뇨관(홀리카테터-holecatheter?) 설치 - 소변 처치 때문에 어머니께서 도뇨관의 이물감을 자주 호소한다.

• 오후 2시 55분
어머니의 의식이 자꾸만 흐려진다. 느닷없이 허공에 대고,

"왔냐!'
"어머니 누가 왔어요?"
"니그 누나."

• 오후 6시, 우리 애들 하고, 처가집 식구들 우르르.
• 오후 7시, 성범 도착
• 오후 10시, 진통제 투여
숙모님께서 병원을 지키시기로 하다.

2000년 7월 16일 (주일)

주일 낮 예배를 드리고 있는데, 느닷없이 미리가 톡 튀어 들어 왔다. 김형숙 권사님, 배가례 전도사님 그리고 성도들이 너무 반가워 예배 중인데도 화들짝 놀라며, 반기는 눈치다. 동생 내외가 이어 들어 왔다. 실로 몇 년 만인가? 저들은 어머니를 기쁘시게 하는 일, 그 마지막 한 가지가 남았다고 생각했을 것이다. 해서, 오늘 결단하고 예배드리러 이곳까지 온 것이다. 그런데, 저들은 믿음의 병든 노모를 기쁘시게 함으로, 동시에 하나님을 기쁘시게 하는 예배자가 되었다. 저들의 삶에 있어, 하나님께서 보시기에 가장 아름다운 행보를 결행한 것이다. 오늘로써 우리 교회는 하나님께서 온전히 흠향하실 산제사를 드릴 수 있게 되었

다. 감사한 일이다. 불이 지나간 자리에 남은 것. 그것은 믿는 자에게는, 정금 같은 믿음이리라. 다시는 변치 않을 믿음.

어머니께서 은밀히 묻고 또 물으셨단다. 병문안 온 성도들에게,

"우리 작은 아들 교회 나왔더냐" 고.

간호사가 다가와 신대륙이나 발견한 것처럼,

"약을 참 잘 드시데요. 그 쓴 약을. 너무 쓴 약이라서 대부분 거절하는데."
"평생 약 만드신 분이세요."
"무슨 약을 그리도……."
"신약과 구약요."

까르르 웃는다.

"역시 다르셔. 뭔가 다른 어르신이셔."

여긴 책이 많다. 책장이 구비되어 있어, 한 번에 두 권씩 빌려 볼 수 있는데, 특히 죽음과 관련된 신앙도서가 가득하다. 퀴블러 로스의 '인간의 죽음'을 읽기 시작하다.

2000년 7월 17일 (월)

불러일으킨다는 것. 그것은 힘이다. 그런데 어머니는 힘이 없다. 걷지도, 일어서지도 못하신다. 드러누워 계시는 것도 힘들어 하시는 상태에 놓이셨다. 심지어 입을 열 힘조차 이젠 다 소진하셔서, 그 즐겨 부르시던 찬송 한 소절도 따라 부르시지 못하신다. 그런 정도로 어머니는 쇠잔해 지셨다. 굳이 비견하자면, 당신의 육체는 다 허물어져 가는 집이다. 그 누군가에게 의지하지 않고는 홀로 존음도 지탱할 수 없는 누옥. 해서, 당신은 주변 모든 사람들에게 짐이다. 버거운 짐이다.

그런데, 당신을 짐으로 져본 사람들은 이구동성으로 말해 오고 있다. 뭔가를 불러일으키는 힘이 당신에게는 있다고. 그제는 그 신심(信心)이 화석 되어 버린 듯한 당신의 자녀들에게, 자신의 몸을 불태우는 사랑으로 믿음을 불러일으키시고, 어제는 쓰다고 뱉어 버리지 않는 관용으로 당신은 간호사의 감탄을 자아내게 하시더니, 오늘은 오히려 짐 된 당신을 부축하던 호스피스 회원들에게, 몸에 밴 겸양의 언어로 진한 감동을 불러 일으키셨단다.

그렇다. 아직도 어머니에게 힘이 남아 있다는 증거다. 믿음을 불러일으키고, 감탄을 자아내게 하시며, 진한 감동을 불러일으키는 힘이 당신 안에 있다. 그 육체의 배후에 있다. 그 힘은 허물어져가는 육체를 비집고 나와 사람을 불러일으키고 있다. 그것은 당신의 말의 힘이다. 당신의 몸의 말, 가슴의 말, 혼의 말, 영의 말. 그 말의 힘이다.

오늘, 오후에 관장을 하셨다. 나도 관장을 경험한 바 있기에 그 관장이라는 것이 얼마나 사람을 황당하게 하며, 힘들게 한다는 것을 나는 너무도 잘 알고 있다. 관장은 안에서 절대 안 나오려고 버티는 것들을, 기어이 끌어내고자 그 뭔가를 속에다 쏟아 붓는 고약한 처치 술이다. 사람이 짐승 같다는 느낌이 절로 들게 한다. 뭔가가 항문으로 막 밀려들어 오는데, 그건 시쳇말로 장난이 아니다. 어찌할 바 모른다는 말이 그 경우에 딱 들어맞는 말이다. 그 터질듯, 숨 막히는 거센 역류. 뭐든 순리가 아닌 것이 무리가 되고 힘이 더 들듯. 아무튼, 그렇게 치사하게 사람을 잡는 처치가 관장술이다. 그런데 그런 무리를 강요당하신 것이다.

대부분의 사람들은 이런 힘겨운 처치를 받고 나면 으레 자신을 먼저 챙기게 된다. 힘들다는 둥, 죽을 뻔 했다는 둥. 물론 나도 그랬으니까. 나는 솔직히 사기 당한 느낌이었다. 해서, 이렇게 황당할 수가 있느냐고 간호사에게 물었던 것 같다.

그런데, 어머니는 그 힘들고, 혼미한 와중에서도 간호사들에게 수고했다, 라고 말씀 하셨다. 곁에 섰던 호스피스 회원들에게도 고맙다, 라는 인사말을 나누셨다. 한 호스피스 회원의 말이다.

"우리 친정어머니 같아요. 나는 늘 고맙다, 라는 말씀을 입에 담고 계시는 이 할머니에게 너무 큰 감동을 받고 있어요."

그렇다. 당신은 말의 사람이다. 말의 힘이 여전히 강력한 분이시다. 몸으로 끝없는 사랑의 언어를 발하시고 계신다. 사랑의 흥망성쇠. 그 비결이 당신의 몸 안에 있다. 너는 흥하고 나는 망하고, 너는 성하고 나는 쇠해야 한다는 몸의 말로 자식들을 지금도 녹이고 계신다. 몸에 밴 겸양의 언어로 이웃을 감화시키고 계신다. 쓰다고 뱉어 버리지 않는 관용으로 자신을 찔러대는 이들을 당신의 한 가슴으로 보듬어 안으신다. 약할 때가 바로 강할 때임을 보여 주는 당신은 혼의 말, 영의 말의 사람이다. 성령의 사람. 토기장이, 그분이 사용하시기 수월하도록 아주 잘 다듬어진 매끄러운, 손에 꽉 잡히는 도구. 당신의 육체에 감당키 어려운 불이 지나가고 있다. 그런데, 그럴수록 당신은 더욱 빛을 발하고 있다. 불이 지나가 봐야 그 진가가 드러나는 정금처럼.

나는 어머니께 다가가 물었다.

"좀, 어떠세요."

"……."

말씀이 없으시다. 탈진하신 것이다. 그래도 고개를 위, 아래로 끄덕이신다. 괜찮단다. 편안하단다. 감사하단다. 당신은 몸은 그렇게 말씀하고 계셨다.

• 밤, 혼수상태에 빠지신 어머니의 혼잣말이시다.

"이북 사람이 이남 사람을 가두고 있다."

세상에, 이럴 수가. 이 극한 무의식 속에서도 터져 나온 속말이 저런 말씀이라니. 그렇다면, 저토록 사무치는 아픔을 줄만큼 이북 사람은, 이 이남 사람을 대체 얼마나 힘들게 했었더란 말인가? 언젠가 건강하실 적에 어머니께서는 내가 죽기 전에 내가 어떻게 살아 왔는지를 다 일러 주고 가시겠다고 하셨다. 해서 우리는 어머니의 이번 병환 중에 은근히 하시고 싶은 이야기가 있으시면 다 해 버리시라고 넌지시 떠 보았는데,

"그 징헌 이야기를 뭐 하러 다시 말해야." 라시며 입을 다물어 버리셨다.

그런데 오늘 이 밤 혼수상태에 빠지신 어머니는 느닷없이 심중의 언어를 토해 내신 것이다. 그래, 어머니는 무의식 상태에서 자신이 하고팠던 '그 징헌 이야기'를 이렇게 한 마디 말로 토로하고 계신 것이다.

"이북 사람이 이남 사람을 가두고 있다."

무슨 말씀이실까? 월남 후, 어머니는 다시 신앙생활에 몰입하셨었다. 당시에 일었던 강권적인 성령의 역사하심은 죄 사함과 거룩한 삶에 대한 고백과 실천으로 이어졌다. 어머니와 함께 성령세례에 충만했던 한 여성도가 무서운 결단을 하고 나섰다. 본처가 있는 줄 모르고 결혼했던 그 여자 성도는 나중에 그런 사실을 알게 되고 거룩함에 이르는 성령에 충만함을 힘입자, 그녀는 과감히 그 집을 뛰쳐나왔다는 것이다. 남편이나 본처까지 붙들며, 당신은 무죄라고 설득하고 애원해도, 그녀는 자식은 물론 입고 있던 속옷까지 다 벗어 돌려 줘 버리고 홀몸으로 그 집을 빠져 나온 일이 일어난 것이다. 그리고 그 분은 아예 그 지역을

떠나 멀리 자신만의 길을 가고자 했고 그래서 교회는 그녀를 위해 애잔한 송별 예배까지 드려 주었단다. 놀라운 거룩한 성령의 역사하심이었다. 어머니는 바로 그런 성결 공동체에 한 능력자로 계셨던 것이다.

그 사건은 어머니에게 적지 않은 충격이 되었을 것이다. 동변상련(同病相憐). 그러나 어머니는 그런 결단에까지 이를 수가 없으셨다. 6.25 동란으로 생떼 같은 아들 둘을 몽땅, 한 날 한 시에 잃어버린 홧병으로 시달리시는 친정아버지 때문에. 자신을 아무렇게나 중매해 버린 친정아버지의 자책, 그 상한 가슴에 다시 대못을 박을 수 없었기 때문에 말이다. 그렇다고, 어머니는 그냥 무감각하게 사시지는 않으셨다. 늘 깨어 기도에 힘쓰며, 예수를 남편 삼고, 오직 내 자식들만은 '거룩하신' 하나님 아버지의 자녀로 양육하겠다는 신앙의 의지를 더욱 불태우셨던 것이다. 이것이 불신 아버지와의 불화의 가장 큰 원인이었을 것이다.

뜻있는 곳에 길이 있다고, 어머니께서 합법적으로 아버지에게서 독립할 수 있는 한 사건이 터졌다. 이미, 아버지는 세상을 버리신 지가 오래 되었었지만. 쿠데타가 가져다 준 영적 혁명. 그것은 박정희 정권이 들어서던 '60년대 초반'이었다. 박통은 이북에 호적이 있는 사람들은 남쪽 현 거주지로 가호적하라는 행정지시를 내린 것이다. 절호의 기회였다. 해서, 어머니는 호적을 평안도 영변군에서 전라도 목포로 옮길 수 있었다.

그뿐이 아니었다. 이름까지도 바꿀 수 있게 되자, 자녀들의 이름을 확 바꾸어 버린 것이다. 가령 내 이름은 그때까지 남진(南振)이었다. 아버지 술친구가 남쪽에서 그 이름을 크게 떨치라고 지어 주신 것이다. 그런데 어머니께서는 술꾼들이 지은 이름이라시며, 내 이름을 '거룩하신' 하늘 아버지의 계보를 따라 거룩할 성(聖), 옥빛 찬(璨)으로 바꾸어 버리신 것이다. 물론 동생이름도 남식(南植)에서 성범(聖範)으로 바꾸셨던 것이다. 오직 예수. 그 분의 영향력만으로 길들여지는 나를 원하셨던 것이다. 너에게 아버지는 오직 한 분, 거룩하신 하늘 우리 아버지시다, 라고 힘주어 강조하신 것이다.

그런데, 더 놀라운 일은 이것이 가히 혁명이다. 스스로 법적, 호주(戶主)가 되신 것이다. 불가능한 일이 가능한 일이 되어 버린 기적. 우리 민법에 의하면 아버지가 사망하면 당연히 그 장남이 호주를 계승하게 되어있지 않은가? 지금까지도. 그런데 어느 날부터 우리 집의 호주 란에 당당히 '전납실(全納實).' 어머니의 이름 석 자가 등장하기 시작했다. 어린 우리들은 그 이유와 의미를 알 길이 없었다. 후에, 나는 어머니가 호주된 경우는 아버지의 존재 유무가 불분명한 경우라는 사실을 알게 되었다. 어머니는 가호적하던 시기(時期), 행정관서 직원의 사무착오라고 얼버무렸지만, 나는 늘 그 말끝이 흐렸던 것으로 기억된다.

이렇게 어머니는 아버지로부터 완전 독립해 버리신 것이다. 차마, 속옷까지 벗어 놓고 나오진 않았지만, 오히려 더 완벽히 법적으로 당신은 단정한 홀로서기에 성공하신 것이다. 그러나 짐이 될 수 있는 자식들은 꼬옥 그 품에 안으신 채, 이 자식들만은 내가 생명 걸고 책임져야 할, 오직 내 자식일 뿐이라고 선언하시면서.

그런 어머니였다. 그런데, 이 아들은 어떠했는가? 조금만 틈만 주면 그 이북 사람으로 돌아가 버릴 것만 같은 위기의 아들이 아니었을까? 유년 시절의 술 심부름, 청년 시절 그 욕(辱)에 대한 변명 등 은밀한 제 아비와의 내통이 보여주고 있는 바. 그래서 당신은 목숨 걸고 사수하신 것이다. 부자지간의 어설픈 윤리도 당신을 가로막을 수가 없었다. 우선 내 아들 살려 내고, 반듯한 사람 만들고 그래서 지아비 안 닮은 아들 만들기가 당신의 인생의 목적이자, 유일한 꿈이셨다. 그런 어머니에게 그 이북 사람과의 어떤 타협이란 있을 수가 없었던 것이다. 그런 철저하고 완벽한 신앙교육의 결과, 당신은 일정한 성취를 이루셨다. 이 아들은 어머니의 뜻을 따라 반듯하게 자라 주었고, 더구나 그 아들이 어엿한 목사까지 된 것이다. 그리고 그 어느 한 날 그 아들은 당신 앞에서 이렇게 설교하지 않았던가?

"콩 심은 데 콩 나고 팥 심은 데 팥 나듯이, 아비가 술주정뱅이면 십중팔구 그 자식들이 그러하고, 아비가 정신병자면 그 자식 또한 정신이 온전치 못한, 이 조상들의 망령되고 허탄한 신화에서 구속함을 받는 것은, 바로 흠도 없고, 티도 없고, 점도 없는, 나사렛 예수의 피 밖에는 없습니다. 날 보십시오. 전설처럼 들리는 바에 의하면, 우리 선친께서도 술을 매우 즐기셨다고 합니다. 그런 부정적인 유산의 혈류(血流)를, 우리 어머니께서 예수 십자가의 보혈로 틀어막으시고, 참 포도나무에 접붙임한 산 신앙을 우리들에게 유산으로 물려 주셔서, 우리 자식들은 모두 다 이렇게 예수 안에서 복된 삶을 누리고 있습니다. 할렐루야. 아멘. 자 다같이 찬송합시다. ♬ 주의 보혈 능력 있도다 주의 피 믿으오. 주의 보혈 그 어린양의 매우 귀중한 피로다."

아들 목사의 확신에 찬 설교는 지축을 흔들었다. 모든 회중은

"아멘, 아멘." 화답했다. 어머니, 당신 또한 뿌듯한 가슴을 억누를 수 없었다. "아, 아 메 엔." 흡족한 화답의 마무리는 언제나 당신 몫이었다.

그런데, 이 장성한 아들 목사에게서, 다시 그 이북사람의 흔적을 발견하게 되는 순간, 어머니는 매몰차게 나를 유기해 버리신 것이다. 강공책을 쓰신 것이다. 보장된 승리는 예수 안에만 있다며. 완강하고, 단호하게. 당신은, 그 어떤 악한 영향력도 호리라도 남김없이 제거해야만 하는 무균실, 그 자체였다. 내가 거룩하니 너희도 거룩하라. 완전 진멸. 그것은 영적 헤렘[3](herem)이었다.

그런데 심약한 아들이, 당신의 진심을 헤아리지 못하고 무너져 버리고 만 것이다. 체계적인 좌절을 통해서, 영적 성숙으로 이끄시는 깊으신 하나님 아버지의 영적 배려를 견뎌내지 못한 채, 오히려 그 아들이 망가져 가고 있었던 것이다. 그리고 무엇보다 더 당신을 경악케 한 사실은, 이젠 그 아들이 제 아비를 불러내어 자신을 대적하고 있다는 사실이었다. 아버지는 아버지만으로도 아버지여야만 하지 않느냐는 반론을 제기하면서.

어머니는 그제야, 아차 싶으셨던가 보다. 당신은 작전을 바꾸셨다. 물론 그 목적을 바꾸신 것은 아니다. 당신의 남편에게는 바꾸지 않았던 작전을 아들에게는 자식이길 부모 없는 그 여린 모성이 어쩔 수가 없었던 것이다. 아니, 필생의 목적을 어떻게든

3) 성경에 나오는 거룩한 전쟁 또는 하나님의 전쟁에 있어서 헤렘(Herem)이라 불리우는 이 무서운 관습은, 정복한 도시를 전멸해 버려야만 했다. 남녀노소를 가리지 않고, 무자비한 살육을 요구하시는 하나님의 의도가 이방 민족들의 그릇 된 우상 숭배와 도덕적 타락 행위를 없애 버리려는데 있었다. 그러므로 헤렘이란, 그 어떤 도덕성 여부에 강조점이 있는 것이 아니라, 전쟁을 승리로 이끌어 주신 하나님의 절대 주권을 인정하는데 있다.

이루시고자. 그래서 자신이 의도적으로 외면했던 자식에게로 이내 되돌아 온 어머니는 이후, 오직 기도의 언어로만 나에게 다가오셨던 것이다.

일정 부분 자신의 원칙마저도 깨뜨리시며. 해서, 내 앞에서 그 이북사람 이야기도 해 가시며. 이런 해명도 해 가시며. 어머니는 어린 사남매와 가난만 남겨 준 남편 때문에 그 아이들 먹여 살리는 일에 바빠서, 아버지 무덤을 딱 한 해 가보지 못하셨단다. 비석도 없이, 흰 돌쩌귀만 기억나던 그 공동묘지의 봉분(封墳). 그 한해를 넘긴 바람에, 누구 무덤인지 분간할 수 없게 되어 버린 것이다. 해서, 아버지의 무덤은 찾을 길이 없었다는 것이다. 미안한 일이라고도 하셨다.

그러나, 이제는 철저히 침묵의 언어로, 자신의 온 몸을 불사르는 희생의 언어로만 나를 대해 오셨다. 저 몹쓸 암 덩어리인, 나를 품으신 채. 그러시다가, 억누를 수 없는 무의식의 힘을 빌어, 다시 나에게 제발 좀 알아들으라고, 마지막 한마디를 쏟아내신 것인가 보다. 내 영의 파수꾼이신, 당신의 애타는 깊은 영이.

"내 아들 성찬아, 갇히지 마라. 어설픈 세속 윤리에."

2000년 7월 18일 (화)

밤새 덫에 걸린 산짐승마냥, 그렁그렁 신음소리를 내던 맞은편 병상의 젊은 환자가, 아침이 밝아 오면서 임종방, 임마누엘실로 실려 나갔다. 한참 후에, 그 친구 되는 청년이 침통한 표정으로 들어오더니, 흐트러진 병상을 치우기 시작했다. 나는 조심스럽게 물었다.

"어떻게 됐어요?"
"……."

대답이 없다. 말없이 주섬주섬 옷가지들도 챙기고, 쓰다 남은 물품들을 챙기더니, 말없이 다가와 나에게 모기향을 건네준다.

"이것 필요하시면 쓰세요."

그를 따라 나가 임종방 쪽을 들여다봤더니, 침대를 부여잡고 울고 있는 그 젊은이의 아내가 눈에 들어 왔다. 죽음이란, 후손들에게 살 땅을 물려주기 위해 자리를 비켜주는 것이라고 했는데. 아직 자기 자리도 채 잡지 못한 새파란 나이에, 그 젊은이는 무엇이 그리도 급해 서둘러 가버린 것일까?

돌아와 어머니에게 미음을 떠 드렸다. 다행히 한 그릇을 다 드시고 약도 드셨다. 수녀 간호사가 의식이 가물가물해 지시는 어머니에게 의식회복용 액체 내복액을 가져다 드렸다. 싫으시단다. 무슨 약을 그렇게 먹이느냐신다. 어머니 아침 수발을 거의 다 마치고 식사하러 내려가려는데,

"싫다. 누나가 다 알고 있어. 불안해. 벌써 이주일 이나 됐는

다. 이 병원에 있기 싫어. 집에 가고 싶어." 라고 혼잣말을 하신다.

밤새, 건너 편 병상의 젊은이의 울부짖음과 그의 죽음에 대해 감지하고 계신듯하다. 사람들이 밤하늘의 별똥별처럼 한순간 맥없이 스러져 가는 병실의 분위기가 당신에게는 분명 공포스러운 것일 게다. 이주일째가 아니다. 겨우 댓새 경과했을 뿐인데도, 그리 길게만 느껴지신 모양이다.

"만날 눕혀만 놓고, 운동도 안 시켜주고. 집에 가자"
"네, 어머니 집으로 가요."

• 다시 낮 12시

"가고 싶어 집에 가고 싶어."
"엄마, 혹시 돈 때문에 그래?"
"아니, 집에 가고 싶어."
"집이 더 편할 것 같아요?"
"그래."
"성범이 오면 의사 선생님과 상의해 볼 게요."
"그래, 성범이 오면 가자."

나는 무조건 퇴원하여, 어머니를 집으로 모셔야겠다고 생각했다. 여기 와서 읽은 여러 책에서 나는 환자의 제일가는 안식처가 가족이 북적대는 가정이라는 결론을 얻게 되었기 때문이기도 했다. 내 집에서 임종을 맞을 수 있다는 전통적인 낭만, 그 축복을 우리는 자꾸만 빼앗겨 가는 시대 속에 살고 있다. 불행한 일이다.

동생과 상의하고, 담당 수녀님을 면담했더니, 흔쾌하게 동의하셨다. 언제라도 혼수상태가 오면 다시 올 수 있는 자격이 있으며, 집으로 가시는 경우 가정 호스피스를 원하면 도움을 받을 수 있다고 했다. 나는 가정 호스피스를 원한다고 했다. 내일 오전중 퇴원하도록 하자고 했다.

그러면서 환자의 통증을 줄이는 방법을 몇 가지 일러 주셨다. 암모니아수를 제거하는 관장, 붙이는 진통제 파스, 내복액 그리고 항문 좌약 등이 있다고 했다. 한 가지 덧붙이기를 환자가 진단 결과를 물어 왔을 때, 그때가 적기인데 그 기회를 놓치지 말고 병명을 알려 드리라고 했다. 그러나 나는 환자에게 병명을 일러 줘야한다는 합리적 처리 방식이 어머니의 경우에는 적합하지 않다고 생각되어 끝까지 비밀로 가져가기로 했다.

- 밤 9시, 간호사가 배변을 도우러 들어왔다.
- 밤 11시. 다시 어머니께서 혼수상태에 빠지셨다. 화장실을 다녀오려고 나가려는데 갑자기,

"교회 일은 안보고, 어떡하고……." 라신다.

진정한 장사꾼인 한 유대인이 임종을 앞두고, 자녀들의 이름을 차례로 부르다가, 모두들 자신의 곁에 있음을 확인하는 순간, 인상을 심히 찌푸리며 내 뱉었다는 말. "그럼 가게는 누가 보고

있냐?" 라는 우스갯소리가 생각났다. 진정한 사역자. 그 성실한 사역자이신 어머니의 눈에 비친 이 아들의 직무유기.

문득, 나는 잠에서 깨어났다. 순전히 어머님 때문이다. 천 날(日)만에 다시 만난 어머니. 지난 천일야(千日夜). 나는 땅이 혼돈하고, 공허하며, 흑암이 깊음 위에 있던, 영적 카오스의 상태에 있었다. 그런 나를 위해 전화통을 붙들고 함께 통분해 마지않던 친구 박목사가 고향친구들을 대동하고 새벽같이 찾아 온, 어느 명절 새벽. 그들은 과일을 종류대로 한 박스씩 매고 들어 왔다. 그리고 이내 서둘러 나갔다. 나는 자존심도 상하고, 그러나 너무도 고마운 친구들이 차를 탔나하고 베란다로 나갔다. 베란다 창문을 통해 네 명의 친구들의 모습이 보였다. 그런데 녀석들은 돌아 갈 생각을 않고 도란도란 앉아서 뭔가 진지한 이야기들을 나누고 있었다. 그리고 며칠 후, 그 중 한 친구가 나에게 연락을 해 왔다. 돈을 보냈다는 거다. 뭉칫돈을. 그들은 나를 위해 물심양면의 지원과 위로를 아끼지 않았다. 그러나 나는 여전히 잠들어만 있었다. 진실 된 우정도 나를 일깨울 수가 없었기 때문이다. 왜냐하면 그들이 나에게 일감을 준 것이 아니었기 때문이었다. 나는 일이 필요했다.

한 때, 기적의 물이라고 소문이 자자하던 생수를 한말들이 서른 통씩 매주 한 번씩 그 멀리 포천에서 길어와, 성도들 집집, 아파트 15층까지 날라주었던 나의 목회 초년 생수목회 시절엔, 힘이 들었어도 내가 뭔가를 들고 찾아 갈, 찾아가면 화들짝 반겨줄 양들이 있었다. 비록 능력 대신 지하수를 날라다 줬어도…….

그러다가 어둠 속에서 나는 어머니를 다시 만났다. 어머니가 나의 화두가 된 이 100일만큼은, 나는 적어도 행복했다. 일이 있었기 때문이다. 태초이신 어머니. 그 태초 안에는 일이 있었다. 당신 안에 나의 일이 있었고, 당신만이 나에게 일감을 주셨다. 그런데 그 일감이 자신의 주검일 줄이야. 내 삶의 터전을 마련키 위해 당신은 자신을 깨뜨리신 것이다. 사냥이 서툰 새끼들의 먹이가 되는 가시고기처럼. 더 늦기 전에, 저 아들이 더 무너지기 전에, 한시라도 빨리 그렇게 서둘러 자신을 던져 버리신 것이다. 10년은 충분히도 더 사실 수 있으실 텐데, 라고 사람들은 아쉬워한다. 그런데 능히 최소한 10년쯤은 강건하게 사실 수도 있으셨던 당신이, 나를 위해 자신을 서둘러 스스로 유기해 버리신 것이다.

"교회 일은 어떡하고……."

어머니, 당신이 나의 교회이십니다. 내가 다시 찾은 행복에 겨웠던 강단은, 당신이 침상이었습니다. 나에게 지난 3개월간은 날마다 심방도, 기도도, 설교도 다시 꿈처럼 허락되어졌었습니다. 새벽기도도, 철야기도도 당신은 나에게 당신을 태우시므로, 다시 부활시켜 주셨습니다. 당신의 밤을 지키는 병실에서, 그 병실을 날마다 분주히 오고 가면서 말입니다.

이젠 나도 일이 있다. 나도 우는 자와 함께 울 수 있고, 웃는 자와 함께 웃을 수 있구나. 마른 막대기만도 못한 내가 병든 자의 위로일 수도 있다는 사실에 감격하여, 나는 열심히 뛰어 다녔습니다. 매우 신나고 즐거운 일이었습니다. 어머니. 용서하십시오. 그러나 나는 내 진심을 속일 수가 없습니다.

한 때, 당신의 인정을 받지 못한 내가 무너졌듯이, 이제 당신의 인정함을 받은 나는, 당신의 주검을 해부하면서 다시 소생하고 있습니다. 내 살이라도 만져보고, 내 배라도 갈라보고, 내 골수라도 파헤치면서 다시 살아 보라, 시듯. 피 밖에 없습니다. 그리스도 예수 안에 거하신 당신의 피 말고는 그 누구도 그 무엇으로도 나에게 다시 생명을 불러일으킬 것이 없다는 사실을 새삼 깨닫습니다. 해서, 지난 100여일. 당신의 불행을 딛고 나는 맹렬히 살아 왔습니다. 이렇게 밤 낮 없이 말입니다. 진실로 그 피가 맘속에 큰 증거가 되고 있습니다. 어머니, 서러워 마소서. 안타까워 마소서. 인생의 가장 최선을 다한 한 순간만을 보시고, 우리를 평가해 주실 하나님 아버지께서, 나의 지난 100일 간을 보시고, 나를 심판하시리라 믿습니다. 나의 교회이신 어머니시여.

2000년 7월 19일 (수)

• 새벽 3시 40분경,

어머니의 심한 통증 호소에 깨어났다. 어머니께서는 어제 처방된 약을 일체 안 드셨단다. 오른쪽 어깨뼈가 심히 아프시단다. 모르핀을 주사했다. 가루약으로 된 뼈 진통제 약을 드렸다. 나는 간호사에게 어머니에게 처방되고 있는 약명과 적용 범위를 알려 달라고 부탁했다. 이내 간호사실에서 나는 그 내용들을 소개받았다.

IPF60 , 부루펜 - 뼈 통증 완화제

RNTD , 큐란 (라니티딘) - 위점막 보호

LACS , 락툴루스 - 장내 암모니아 제거 및 생성 예방 (간성혼수 예방)

SPR , 이뇨제

FSM , 라식스 - 이뇨제 (부종 감소, 전해질 K+ 저하)

SP - MP (항몰핀 좌약) - 통증이 심할 때, 항문에 삽입.

카리메트 - 고칼륨 혈중억제제.

간호사는 약을 잘 드셔야 한다고 했다. 가정 호스피스의 지시를 따라 행해야 하고 간성 혼수가 오게 되므로, 간병에 많은 신경을 써야할 것이라고 말했다. 이 병은 힘겹게 질질 끄는 경향이 많은 질환이라고 했다. 미란타를 부루펜 드시기 전에 드시면 좋겠다고도 했다.

- 새벽 5시가 다 되어간다. 어머니의 통증이 다소 해소되어 가는가 보다.
- 오전 6시, 어머니께서 부르신다. 몸을 좀 돌려 보시겠단다.
- 오전 7시 45분, 간호사가 들어 와, 목욕하고 가시라며 이뇨제와 함께 약을 두 봉지 놓고 나갔다.
- 오전 7시 50분,

아베마리아가 울려 퍼지는 가운데, 삼종 기도, 아침기도가 시작되었다. 너무도 감미롭다. 갈급한 심령, 고통스런 육신에 내리는 한 모금의 생수다. 여기 와서, 영세를 받고, 영생에 들어 간 이들이 적지 않다고 한다. 우리가 감내하는 물질적 적자만큼, 타인의 고통을 분담하는 만큼, 우리는 그만큼 영혼을 건져 낼 수 있는 것 같다. 하나님의 경제학을 눈으로 확인한다.

철부지 아이들에게 나타내심을 감사하나이다. 마태복음 11장이다. 성부와 성자와 성령의 이름으로 아~멘. 여기 누운 이들은 모두가 철부지가 된다. 그 누군가를 울고, 불며 매달리는 철부지들. 의지할 이가 예수 밖에 없어서, 일 년 전 남편의 발병 후, 신앙을 갖게 되었다는 어린 삼남매의 어머니는 눈물이 앞을 가리는가 보다. 주여, 불쌍히 여겨 주소서. 당신이 불쌍히 여기시기만 하면, 기적이 일어나지 않았습니까? 그제 밤만 해도 그 청년의 아내는 내가 목사란 사실을 알고, 거기다 내가 병실에서 잠을 잔다는 말을 전해 듣고 얼마나 좋아하며 안도해 하더라던데. 나는 그런 사실도 모르고 그 영결의 밤에 위로의 말 한마디, 기도 한마디 못해 줬다. 해서, '임마누엘' 이 아침의 미사는 나에게도 각별하다.

• 영육간의 팀이 감동을 자아내게 한다.

주치의 - 간호사- 수녀, 수녀 - 간호사 - 주치의, 순서는 아무래도 좋다. 이들을 나는 타는 목마름에 지친 영육간의 기갈을 적셔주는 한 모금의 물이라고 생각해 본다. H_2O - 2H가 육신적으로 돕는 이인 helper, 의사와 간호사라면, 1O는 노 젓는 사람 oarsman, 영적인 키잡이 spiritual oarsman 는 간호사 자격증을 가지신 수녀가 아닐까? 보기에 좋은 관계인 것 같다. 그들이 환자 한 사람 한사람에 대한 그들끼리의 대화하는 분위기를 접하면서, 자연스레 그런 느낌이 전달되어져 왔다.

• 오전 8시 40분, 가정 간호과에서 병실 인터폰으로 소식을 전했다.

가정 간호사를 파송하겠다며, 하루 방문료가 이만 오천 원에 더하기 약값이란다. 내일(7월 20일) 방문하겠다고 했다. 작은 관심이, 성경이 말하고 있는 바, 작은 자 하나에게 한 것이 바로 당신께 한 것이라는 말씀에 귀 기울인 작은 실천이 이런 소중한 제도를 발전시켰을 것이다.

어머니의 혼잣말 - "나 밥 안 먹어."

그래요 어머니, 어머니는 못드시는 것이 아니라, 안 드시는 거예요. 당당히. 그 육신의 한계를 뛰어 넘으신 당신. 치사하게 악질 병마에게 구걸도 애원도 하시지 않는 당신. 정녕 어머니는 위대하세요. 위대해…….

• 오전 9시 15분경, 회진

"할머니 좀 어떠세요?"
"좋아요."
"집에 가시려고, 가시고 싶으시니까 좋다고 그러셔." 수녀님의 말씀에 모처럼 웃음이 터져 나왔다.

수녀님이 어머니의 얼굴을 물수건으로 닦아 주신다. 그리도 자주 덕지덕지 달라붙는 눈곱.

"아야, 아야."

어머니가 작아져만 가신다. 동생이 왔다. 호스피스 회원들이 어머니 목욕을 시켜 드리려 모시고 나갔다. 침대째. 고마운 이들. 저들이 있어서 더욱 아름다워 뵈는 이 병동. 나는 이 일곱 날 동안의 경험이 내내 두고두고 감동으로 살아남을 것 같다. 어머니가 뽀얀 얼굴로 돌아오시고 퇴원 수속도 마치고, 약도 타고, 엘리베이터 앞까지 침대에 실려 퇴원하시는 어머니를 수녀님과 간호사분들, 호스피스 회원들이 배웅한다. 고맙다며 손사래를 치시는 어머니.

- 오전 12시경, 집으로 돌아 왔다. 집이 좋다시며, 어머니는 고개를 끄덕이신다.
- 오후 2시, 압해도 이모님과 통화를 하셨다. 수화기를 귀에 대 드렸다.

"니가 말할 힘이 있다면, 우리 지금까지 살아 온 이야기 좀 실컷 길게 좀 하고 싶었는디. 양자 넘아, 양자 넘아. 납실아! 흑, 흑, 흑. 말 못하것냐?"

"으, 으."

"그 고생하고 살만항께 가냐. 이젠 살아서 보지도 듣지도 못하것구나."

그렇게 이모님은 서럽디 서럽게 흐느끼셨고, 어머니는 으, 으, 신음 소리로만 화답하셨다.

- 오후 2시 30분, 물을 찾으신다.

한없이 부풀어 오른 복부를 자꾸만 긁어 대신다. 손톱을 깎아 드렸다. 약은 쓰다며 일체 거부하신다. 미음도 28시간 째, 한 모금도 드시지 않으셨다. 피부가 심히 건조해서, 각질이 벗겨지는 거북등과 같다. 병동에서 본 책. 그 메모해 둔 내용을 뒤적여 봤다. 암환자와 가정 간호, 라는 책에 나오는 증상과 처방 중, 수용성 크림(알로에베라 로션 같은)이 이런 증상에는 효과가 있단다. 집에도 없고, 동네 약국에도, 화장품 가게에도 없어서 난감해 하다가, 피부과로 갔다가, 같은 건물 피부 관리 클리닉으로 올라갔다. 어떻게 알고 왔느냐며, 가격이 비싸단다. Aloe Vera Jele (4FL. 02 118ml) 4만5천원을 줬다. 냉장고에 보관해 두고 쓰란다. 돌아와서 어머니 복부에 발라 드렸더니 꽤 시원해 하신 것 같았다.

다시 헛소리를 하신다.

"저 애들이 누구냐."
"미리요. 평리하고."
"내 저 사내아이들……."
"머스마들이 보이세요?"
"심해."
"뭐가 심해요. 장난이 심해요?"

고개를 끄덕이신다. 동생이 위층에서 뛰는 아이들을 말씀하신 것일 거라고 해석 했다.

- 오후 4시 30분, 물을 찾으신다. LACSC(락툴루스) 20cc를 먼저 먹여 드렸다. 그리고 물을 세 스푼 먹여 드렸다.

저녁예배 인도 차 하계동으로.

책속에 길이 있다고 하지만, 나는 모든 책 속에 길이 있다고는 말하지 않는다. 레비스트로스에 의하면 글의 최초의 효용은 권력의 명령 전달에 있었다고 한다. 우리는 자기 인식의 노예가 되어서도 안 되지만, 타인의 인식의 노예가 되서도 안 될 것이기 때문이다. 늘 이런 입장을 가지고 있는 나였지만, 이 병동에 와서 뒤늦게, 어려운 병에 걸려 힘들어하는 환자들을 이해하고 도울 수 있는 이론과 실제가 고루 소개된 책들을 대하면서, 다시 한 번 책의 소중한 가치를 절실히 깨달아 알게 됐다.

알츠하이머병에 걸려, 자신은 물론 온 가족들을 몹시도 안타깝게 하고 계시는 어르신의 아들과 이야기를 나눈 적이 있었다. "책에 다 있드만, 책에 다 있어!" 평생 책에서 손을 떼본 적이 없을 만큼 자기 개발에 힘쓰며 사는 그는 새삼스러운 듯 그렇게 감탄해 마지않았다. 나도 동의를 표했다. 내가 알고 싶은, 알아야 했고 필히 알아야 할 상당 부분이 그 책들 속에 자세히 안내 되어 있었기 때문이다.

자신의 아픈 부분을 가감 없이 드러내기. 그 고통스런, 치욕스런, 감격스런 생의 편린들을 차곡차곡 그 누군가를 위해 정리해 보기. 이런 작은 일을 나도 해보기. 그 누구를 나의 인식의 노예로 만들고자 하는 불순한 의도가 아닌, 내 상처, 내 아픔 나누기. 그래서 기쁨을 배가 시키고, 슬픔은 반으로 나누어 갖는 아름다운 인간 애. 이런 의도의 순수성이 글쓰기의 보배로움이 아니겠나 싶었다.

죽음 같은 천일야(千日夜). 나는 한 줄의 글도 쓸 수가 없었다.

물론 과장법이다. 그러나 내 의식이 그랬다. 그런데 이제 나는 다시는 불가능할 것 같았던 글쓰기가 다시 가능할 것 같은 행복한 예감도 들었다. 해서, 나는 며칠 전 어머니께 양해를 구했었다.

"어머니, 나 어머니에 대해 쓸 거예요."
"뭘, 쓸 게 있다고……."
"암튼, 뭔가를 쓰게 될 것만 같아요."
"행여, 내 자랑은 하지 말어라."

나는 당신의 이야기를 쓸 것이다. 당신의 그 정금 같은 믿음과 사랑과 소망에 대해서. 당신이 시한부 인생을 살아가시면서 그 극심한 고통 속에서도, 온몸으로 모두에게 진한 감동을 불러일으킨, 그 아름다움 삶의 모습들을 생생하게 전하리라. 쮜리히에서 태어나, 미국 시카고 대학 병원 부원장을 역임했으며, 20년간 임종 환자들을 돌보아왔고, 의료인, 성직자, 일반인들을 대상으로 임종환자 돌보기에 관한 훈련을 지도해온 퀴블러 로스 여사도 그녀의 책, '인간의 죽음 - 죽음과 임종에 관하여' 머리말에 이렇게 쓰고 있다.

"우리는 환자에게 우리를 가르쳐 달라고 부탁했다. 그로서 인생의 최종단계들 및 거기에 수반된 불안과 공포와 희생을 좀 더 배우려는 뜻에서였다. 필자는 우리에게 자신의 고뇌와 기대와 좌절감을 털어놓고 속 얘기를 나누었던 환자들에 대한 이야기를 하고 있을 뿐이다." 라고.

그러면서 그녀는, "바라는 것이 있다면 독자들이 '가망 없는'

환자를 볼 때에, 그를 피해 달아나지 말고 오히려 가까이 가서 그의 마지막 시간의 글을 많이 붙들어 달라는 것이다. 감히 그런 시도를 하려는 사람에 수가 많지는 않겠지만, 그런 시도를 감행한 용기 있는 이들은 그런 일이 성한 사람과 환자에게 서로 혜택을 주는 고귀한 체험임을 깨달아 알게 될 것이다. 그리고 인간 정신의 작용에 관해서 많은 것을 배우고 우리 실존의 고유하고 인간다운 측면들의 관해서도 배우게 될 것이다. 그 결과 깊은 경험을 쌓고, 언젠가 닥칠 자신의 종말에 대해 다소라도 덜 불안해하게 될 것이다."

나는 그 병실에서 읽었던, 자신의 아픔과 고통을 창조적으로 승화시킨 주옥같은 시 한편을 여기 옮겨 본다.

「기도문」

위험으로부터 벗어나게 해달라고 기도하지 말게 하시고
위험에 처하여서도 겁을 내지 말게 해달라고 기도하게 하소서
고통을 멎게 해달라고 기도하지 말게 하시고
고통을 극복할 용기를 달라고 기도하게 하소서
인생의 싸움터에서 동조자를 찾게 해달라고 기도하지 말게
하시고
인생과 싸워 이길 스스로의 힘을 달라고 기도하게 하소서
조심스런 공포에서 구원해 달라고 기도하지 말게 하시고
자유를 싸워 얻을 인내를 달라고 기도하게 하소서
겁쟁이가 되고 싶지 않습니다. 굽어보소서

매일 매일 우리 집안에 성공과 기쁨과 행복이 연속될 때에만
하나님이 자비하시다고 생각하지 말게 하시고
거듭되는 실패와 슬픔과 고통 속에서도
하나님이 내 손을 힘껏 쥐고 계신다고
감사 찬미 드리며 사는 사람이 되게 하소서

(전기 작가 크리슈나에 의해서 '사람 중의 사람' 혹은 '하나님의 사람' 이라고 명명된 인도의 시성 타고르는 어머니를 잃고, 또 아버지를 잃고, 아내를 잃고, 사랑하는 자식들을 차례로 자기 생전에 잃어 가면서도, 그 내적인 고통을 전혀 내색하지 아니하고, 위의 기도시를 쓰면서 애통을 극복했다.)

나는, 앞으로 필요할 것 같아, 이 책, 저 책에서 눈길 끄는 내용들을 별책에 요약해 두었다. 다음은 '암 환자와 가정간호'라는 책에서 따온 실제적 도움이 되는 내용 중의 일부다.

* 식욕부진 – 강제로 먹이지 않는다. 환자나 가족 사이에 관계가 먹는 일에만 초점을 둬선 안 된다.
* 수분과 탈수 – 처음부터 너무 많은 양의 수분을 취하지 않도록 한다.
* 오심과 구토 – 오심은 매슥매슥 거리는 것이고 구토는 토하는 것이다. 빈번한 구토는 위험할 수도 있는데 이는 탈수나 흡인 (음식물이나 액체를 들이마시는 것)을 유발할 수 있다. 유의할 점 – 등을 대고 똑바로 눕지 않는다.
* 욕창 – 욕창은 신체 특정 부위에 산소 유입이 중단되고 그 부위의 피부가 죽을때 일어난다. 문질러서 상처를 깨끗이 하려고 하지 않는다. 두 시간 이상 같은 자세로 휴식하지 않는다.
* 가려움 – 피부를 긁거나 문지르고 싶어 하는 피부의 불쾌감. 뜨거

운 물이 아닌 따뜻한 물로 목욕 후, 수용성 크림(알로에베라 로션 같은)을 하루에 2~3회 발라줄 것. 손톱을 자르고 손을 깨끗하게 해준다.

* 혼돈 – 사고하는데 방해를 받거나 또는 행동을 적절히 하기 어려울 때 혼돈이후 – 저혈당, 고열, 뇌나 척수에 퍼져있는 종양. 뇌로 가는 산소 부족 – 대화가 필요하다. 방법은 환자와 마주보고 만져주면서, 너무 말을 빨리 하지 말 것.

강남성모병원 호스피스 병동에서 읽은 책 목록

* 암 환자와 가정간호, B.R. cassileth et alii 편, 노유자 역 현문사.
* 인간의 죽음, 엘리자베스 퀴블러 로스 저, 성염 역, 분도 출판사.
* 死後生, 엘리자베스 퀴블러 로스 저, 최준식 역, 대화 출판사.
* 죽음과 임종에 관한 의문과 해답, 퀴블러 로스 저, 이인복 역, 우진 출판사.
* 죽은 이와 남은 이를 위하여, 릴리 핑거스 저, 이인복 역, 우진 출판사.
* 영혼의 호스피스, 캐시 칼리나 저, 안문희 역, 바오로 딸.
* 거짓의 사람들 「악의 심리학」, M. 스코트 팩 저, 윤종석 역, 두란노 서원.
* 좋은 사람들에게 나쁜 일이 일어날 때, 헤롤드 S. 쿠슈너 저, 이인복 역, 우진 출판사.
* 예수인가 그림자인가, 도메니코 델 리오 저, 김홍래 역.
* 무조건 적인 사랑, 존 포웰 저, 정홍규 역, 성 바오로 출판사.
* 기탄잘리, 라빈 드라나드 타골 저, 최인자 역, 동숭동.

* 기도문, 라빈 드라나드 타골 저, 열매따기.

* 슬픔이 있는 곳에 기쁨을, 이인복 저, 우진 출판사.

이상에서 소개된 책 중, '암 환자와 가정간호,' 와 '인간의 죽음' 등, 엘리자베스 퀴블러 로스의 책들을 읽어 보면 많은 도움이 되리라 생각된다. 그리고 이인복 교수의 수상집 '슬픔이 있는 곳에 기쁨을' 또한 필독할 만하다.

• 호스피스 (Hospice)

호스피스란, 죽음을 앞둔 환자들을 돌보는 것을 말하며, 이 호스피스를 위해서 예수께서 우리에게 보여주신 사랑을 위하게 하고자 한다. 호스피스란 어원은 중세기 때 예루살렘을 방문하는 순례객들이 하룻밤 쉬어갈 수 있도록 마련된 숙소를 일컫는 말로서, 근래에 와서는 인생의 마지막 죽음을 앞둔 사람들이 새로운 세계로 들어가기 전에 쉬어가도록 돌봐주는 것을 호스피스라 부른다. 호스피스는 죽음을 앞둔 사람을, 특히 암 환자들을 전적으로 돌보는 것이므로 자연히 이 운동에 참여하게 되었다. 호스피스란 말은 외국어임으로 한국인에게는 생소하게 들려 무슨 프로그램인가 생각하게 되나, 우리말로는 '선종봉사'(善終奉仕:편안하게 마지막을 맞이할 수 있도록 돕는 일.)라고 부른다. (Hospice, 동트는 아침 - 이경식 지음, 성 바오로 출판사)

2000년 7월 20일 (목)

밤새 설사와 고열에 시달리셨단다.

- 오전 10시 50분, 어머니께로 왔다. 물을 찾으신다. 지난 화요일 오전, 미음 한 공기 드신 후, 지금까지 일체의 곡기를 끊고 계신다.
- 오전 11시, 두 사람의 가정간호사 방문. 어머니 듣는데서 최초로 암, 이라고 발설하다. 가정간호에 대한 구체적인 사항을 자세히 일러줬다. 매우 실제적이고, 유용한 환자 간호 요법이다. 물론, 어머니에게 필요한 처치들이나, 이런 비슷한 형편에 놓인 힘든 가족들이나 환자가 함께 숙지했으면 한다. 그 내용을 모두 정리해 봤다.

* 좌약 사용방법 – 냉장실에 보관했다가 사용시 미리 꺼내 실온의 내놨다가 사용하라. 만일 딱딱해지면 항문이 찢어질 수 있음.

* 소변 줄 사용방법 – 겨울에는 한 달에 한번, 여름에는 2~3주에 한번 소변 줄을 갈아준다. 그리고 소변 주머니는 일주일에 한번 바꿔라. 어머니는 7월 15일, 소변 줄을 차셨음으로 주머니만 7월 22일 바꿔야 하나 오는 월요일 7월 24일 바꾸자고 함. 주사의 영양제(간 기능이 안 좋은 분은 HEPACOMA inj.) 영양제를 일주일에 두번 놔 드린다. 한번에 6~8시간정도 소요된다. 현재 어머니 혈압은 좋으신 편이다. 소변 주머니는 특히 겨울에는 따뜻한 바닥에 닿지 않게 해야 한다. 왜냐하면 따뜻하면 균이 자라게 되기 때문이다.

* 욕창 대처 방법 – 현재 항문 꼬리뼈, 발뒤꿈치 등의 욕창이 시작되고 있음. 혈액 순환이 잘 안되므로, 발뒤꿈치와 엉덩이 좌우 엉치뼈

튀어 나온 곳이 제일 먼저 욕창이 생김. 누운 상태에서 만일 어머니를 쭉 잡아당기면 진물이 나고 뼈가 튀어나옴. 현재 발뒤꿈치가 더 심함. 옥수수 가루 풀을 써서 닦아내 주면 (전분 목욕) 효과를 볼 수 있는 사람은 효과를 볼 수 있다. 전혀 소용이 없는 경우도 있다. 옷을 느슨하게 입히고, 물수건으로 두세 번 닦아주고 마사지를 해드리라. 몸을 좌우로 누이고, 등과 무릎 사이에 베개를 끼어 드릴 것. 욕창이 안 생기는 부분이 없다. 꼬리뼈가 제일 위험하다. 똑바로 한 시간 이상 안 누워있게 하라. 옆으로는 두 시간 이상 안 넘게 교대해 줘야 한다. 즉시 공기 침대를 사용할 것–의료기 상에 가서 구입할 것.

* 병원 침대를 대여 받아 사용하면 좋다. 가정 간호를 받고 있는 환자의 경우 강남 성모 병원 운전반에 연락하면 10만원의 대여를 받을 수 있다. 이 침대는 환자를 자리에서 세우고 눕히는데 매우 유용하다.
* 음식 – 억지로 먹이다가 질식하는 경우가 있다. 약도 마찬가지다. 끌어안고 45° 세워주시라. 수박은 이뇨 효과에 좋다. 황달로 인한 빌리로겐의 영향으로 소변 색깔이 샛노랗다. 단백질 공급을 제한하라. 간 기능 약화로 더 기능이 약해지므로.
* 주사 – 주사바늘을 뺀 후, 3~5분간 지혈 소독면으로 막고 있을 것. 5초에 한 방울씩 떨어지게 조종할 것.
* 입 청소 – 매일 거즈 수건이나 화장지를 사용하여 닦아 내라. 만일 환자 본인이 사용하면 질식사할 가능성도 있고, 무의식적으로 이빨에 물릴 수도 있다.
* 진통제 (모르핀) 사용 시 주의점 – 모르핀은 호흡 저하를 불러 일으켜 의식 불명이나 혼수상태가 더 빨리 온다. 환자는 간 기능이

거의 저하됐고, 콩팥도 기능이 심히 약하다. (소변 량) 따라서 호흡이라도 잘 하셔야 한다. 붙이는 모르핀은 효력이 지나치게 강하므로 이 환자의 경우는 사용하지 말라.

* 환자 사망 시 처리 방법

1. 만약에 환자가 운명하시면 소변 줄이 안 빠지게 증류수를 채워놓은 여분 줄을 가위로 자르고 쑥 뺄 것. 물론 주사기도 빼야 한다.
2. 시신을 깨끗이 닦아드린다.
3. 기도 후, 해당 병원 앰뷸런스를 의뢰하고 안 되면 129를 불러라. (119는 돌아가신 분을 위해서는 안 옴.)

이상과 같이 자세한 간호법을 일러준 간호사는 이런 이야기를 들려줬다. 70세 된 아들이 90세 된 노모를 극진히 간병한 이야기다. 90세 노모는 말기 암 환자였다. 아들은 온갖 정성을 다하여 어머니를 돌봤단다. 날마다 값비싼 알부민을 놔드렸고, 현대 의학으로 할 수 있는 모든 처방과 처치를 해드렸단다. 그런데 결국 그 어머니는 미이라처럼 되어 돌아가셨단다. 나중에 70된 효자 아들은 심히 후회를 했단다. 결과적으로 단지 생명만을 유지시키기 위해 어머니를 오히려 고통스럽게 했었기 때문이다. 진정한 효도가 무엇인지 깊이 생각하여, 환자의 가족들은 지혜롭게 대처해야 할 것이다.

• 오후 3시 30분, 박성숙 집사가 용달차를 몰고 왔다. 4시 10분경, 윤광문 집사와 강남 고속 터미널 부근에서 만났다. 터미널 경부선

쪽 1층 의료기기 할인 매점에서 에어 매트리스를 12만원에 구입했다.

- 오후 4시 40분, 강남성모병원 운전반에 상, 하반신 양쪽 다 승강이 가능한, 환자용 침대를 집으로 실어 왔다. 도저히 나 같은 두, 세 사람의 힘으로는 운반하기 어려운 부피와 중량. 적시에 예비 된 사람들을 붙여주셨다. 감사했다.

선부형과 형수님이 와 계셨다. 당신의 기도로 간경화 말기의 처(妻) 이모님을 기도로 고치셨다며, 생의 의지를 불러일으키는 것이 무엇보다도 중요하다고 강조하신다. 나는 그 말에, 한편 동의하면서도, 행여 자칫 했다가는 또 한 번 부질없는 소망을 공연히 부추겨 놓고 휭 가버리실 것만 같아, 적당히 나의 그간의 입장을 말씀드렸다. 찬물을 끼얹은 것이다. 이어, 목사이신 형의 인도로 예배를 드렸다. 그러나 목사들은 어쩔 수 없었다. 자기 안에 있는 충만과 확신을 불어 넣어 주려고 열정적으로 찬송을 불러댔다. 감화를 받으신 어머니께서도 온 기력을 다해, 입술로만으로도 찬송을 더듬더듬 따라 부르셨다. 목사이신 형님이 묻는다.

"고모님, 일어나고 싶으시죠?"
"일어나야제." 어머니의 즉답이다.

언젠가, 김순화 전도사님이,

"내가 그 때, 우리 전도사님이 막 쓰러지셨다고 했을 때, 반 강제적으로라도 내가 나서서 당신을 붙들고 하나님께 매달렸어여 했는디, 시방은 너무 늦어 버렸어, 아이고, 이젠 틀려 버렸어." 라며, 내 곁에서 내게 원망과 시비를 하듯 내 던지던 푸념이 회상 됐다.

일어나야제, 라는 말씀을 들으며, 너무도 견고했던 나의 합리주의적인 입장, 체념의 신학에 대한 일말의 자기반성이 스쳤다. 당신 몰래 위약(僞藥)은 드렸으나, 차마 당신 앞에서 위(僞) 간구만은 드릴 수 없었던 나. 나는 기도 했다.

"전능하신 하나님. 당신은 무엇이든지 못하실 것이 없는 전능자이심을, 나는 믿어 왔고, 믿을 것이며, 믿고 있습니다. 아시지요. 하나님. 내 평생, 나는 결코 당신의 그 전지, 전능성에 대한 믿음이 없었던 적은 단 한 번도 없었습니다. 단지, 그 믿음이 때때로 작은 적은 있었지만 말입니다.

이번 일만 해도 그렇습니다. 이 믿어지지 않는, 당신의 여종이 당한 고난에 대해, 당신이 아시듯 저는 일견 편벽된 입장을 아주 단호하게 견지해 왔습니다. 그러나 그 초점이 진정 내 믿음의 유무에 있지는 않았습니다. 그 이유는 행여, 지나친 생존의 욕구를 부추겨 드려 인간의 존엄성도, 당신께 마땅히 드려야 할 영광도 가리는, 나의 어머니가 되지 않기를 바라는 단순한 일념 때문이었습니다. 그런데 그것이 마치 어떤 사람들에게는 제가 당신의 전능성을 부인하고 나선 듯, 심한 오해를 낳고 있는 듯합니다. 그리고 어머니께서도, 나의 이런 냉혹한 입장에 섭섭해 하고 계실는지도 모르겠습니다. 아버지 하나님 당신은 어떠하신

지요?

이 순간 내 맘속에 이런 생각도 스칩니다. 네가 오해하고 있는 거야, 오해. 죽은 지 나흘 된 나사로도 살리신 하나님께서, 이 믿음 없는 시대에 그 기적을 드러내시고자 하신 거야. 그런데 그 분의 깊으신 뜻을 네가 가로막고 선거야. 잘못 읽었어. 오판이야. 오해야. 그렇습니까, 주님? 내가 오해함으로 그 소중한 기회를 상실하셨나요? 그러하시다면. 정녕 그러하시다면, 먼저 나의 오해와 그 오해에서 비롯된 행위들을 용서하여 주시옵소서. 나의 오해를 이해할 수 있는 힘. 그 가없는 당신의 힘으로 말입니다.

그리고 이 시간 나의 온전한 믿음을 바쳐, 당신께 기회를 드리오니, 당신의 여종을 정녕 살리실 뜻이라면, 결코 늦을 게 없는 당신의 그 전지, 전능하심으로 내 어머니를 이 육신 고통에서 속히 구원하여 주시옵소서. 감사하옵고, 우리 주 예수 그리스도의 이름으로 기도하옵나이다. 아멘."

우리가 신앙으로 고백하는, 사도신경에 '하나님'이라는 단어가 두 번 나오는데, 그 고유 명사 앞에 붙은 수식어는 두 번 다, 하나님의 여러 속성 중, 전능성만을 강조하고 있다. '전능하사,' 천지를 만드신 하나님, '전능하신,' 하나님을 내가 믿사오며, 라고 말이다. 나는 하나님의 전능성을 기적을, 굳게 믿는 목사다. 우리 교회는 교회 창립 이후 변함없이 주보에다가 '하나님께서 나와 함께 하십니다. 기적이 일어나고 있습니다.' 라는 문구를 적어 놓고 있다. 어떤 성도가 나에게, 그 문구가 너무 원색적이고, 촌스럽지 않느냐며, 교회 이미지에 부정적인 영향이 없겠느냐고 물은 적도 있었다. 그때, 나는 이렇게 말했었다. "그 누가 기적을 우습게볼지라도, 나는 기적이 필요한 사람이라고. 기적은 반드시 우리 안에서 일어날 거다"고. 그런 내가 어머니의 병환에 대해 기적을 포기해 버린 듯한 언사를 구사한 이유는, 나는 이 사건에서의 기적은, 한 신앙인의 품위 있는 마무리 그 기적 같은 아름다움이라고 생각했기 때문이다. 그리고 그런 기적이 우리 어머니 안에서 이루어지기를 소망하고 있기 때문이다. 엄밀히 말하자면, 체념만이 아니다. 안타깝게도 불효막심한 나의 분별력과 욕심 때문이다.

나는 그동안 전능하신 하나님께 어머니에 대해 두 가지를 구해 왔었다. 하나는, 가급적 고통이 덜한 투병 생활, 다른 하나는, 당신의 임종을 내가 지켜 볼 수 있게 해 달라는 것이었다. 지금까지는 하나님께서는 어머니의 육체적 극심한 고통을 경감시켜 달라는 나의 기도를 들어주신 것 같다. 다른 암에 비해 크게 고통스럽지 않은 병이라는 점도 있지만, 때를 따라 하나님께서 효과적인 처치와 주의 종들의 간구를 통해 어머니께 은혜를 베푸셨다. 물론 당사자인 어머니는 무척도 힘드시겠지만, 상대적 관점에서 그렇다는 말이다. 그리고 나머지 한 가지 기도 제목, 내가 어머니의 임종을 지켜 볼 수 있는 은혜도 베풀어 주시기를 간구해 왔다.

가족들 사이에서도 기도 이야기가 나왔는데, 이런 기도 제목을 우리는 서로 나누었다. 이제 어머니의 병환이 갈수록 중해 지신 것 같다. 가속도가 붙는다고 해야 할는지. 해서, 형제들마다 자신들이 드리고 있던 어머니에 대한 기도 제목을 오늘은 자연스럽게 털어 놓게 되었다. 누나를 비롯한 다른 형제들은 어머니께서 임종하실 요일에 대해서도 기도해 왔다고 한다. 주일 날 오후에 임종하실 수 있도록 기도하자는 것이다. 그 이유로는, 주일 예배를 다 드린 후, 동생도 경주에서 올라와 있는 시간에, 주일 오후 한 6시쯤 임종하실 수 있다면 모두가 어머니 곁을 지킬 수 있지 않겠느냐고 했다. 나는 처음에는 주일날의 영적 분주함을 들어 왜 하필 주일날이냐고 했다가, 그들의 해설에 동의를 표했다. 그래서 우리는 공동으로 그렇게 기도하자고 했다. 어찌 보면 불경스럽고, 하찮은 인간들의 욕심 같으나, 하나님께서는 그런 기도에도 귀를 기울여 주실 수 있으신 관대하신 분이시라 생각한다. 그러나 그 결과는 어찌되든 합력하여 선을 이룰 것이라 믿는다.

- 병원 환자용 침대를 들여 놓고, 에어 매트에 공기를 채워 그 위에 시트를 깔아, 눕혀 드렸더니, 뽀송 뽀송하다시며 너무 좋아 하신다. 편리한 병실을 집에다 옮겨 놓은 듯하다. 우리들도 어머니를 수발하기가 너무 좋다. 물론 에어 매트는 그 공기 방울들의 강도가 상당히 쎄서, 적절히 조절해야만 한다. 너무 바람을 약하게 집어넣으면 욕창엔 덜 효과적이지만. 한번 조절을 해 놓으면 24시간 자동으로 조절이 된다. 편리도하고 욕창 방지에는 꽤나 효과가 있을 듯하다.
- 밤 9시30분, 가정 간호사에게서 전화가 왔다. 안부와 대변 처지건 때문이다. 변기를 구입하란다. 보호자가 편할 것이라며.

중계동 조카들이 왔다가, 돌아가려고 해서 같은 동네라 내 차에 태워 같이 갈까 싶어, 어머니의 의중을 물었다.

"엄마, 운정이 하고 유미가 간다는데."
"……."
"애들 좀 데려다 줄까 봐요."
"……."
"니들 어떻게 갈래?"

라는 둥, 여러 방식으로 내가 집으로 가면 어떻겠느냐고 어머니의 의사를 타진했다. 건강하실 때 같으면, 진즉 애들하고 어서 같이 가라, 셨을 어머니는 묵묵 부답이셨다. 해서, 나는 노골적으로

"엄마, 나도 갈까?" 라고 여쭈었는데도 마찬가지셨다.
"그럼, 여기 있을까요?" 라고 묻자, 그제야 어머니는 고개를 끄덕이셨다.
내가 필요하다는 말씀이다. 내가.
"그래, 알았어, 엄마. 니들끼리 가라."

나는 그렇게 어머니와 온전히 하나가 되고 있었다. 만일 엄마가 죽으면……, 이라는 생각에 자주 빠졌던 어린 시절, 나는 그 불길한 생각이 들면 자다가도 엄마 품으로 파고들곤 했었다. 엄마 없는 세상이란 상상할 수도 없는 세계였다. 그런데 오늘 나는 당신에게서 나의 유년기의 불안과 공포를 대한다. 함께 있어 주는 것만으로도 가족인 우리들. 아니 늘 함께 있기에 부모요, 형

제요, 자매인, 우리들. 다툼도, 시비도 함께 있어 가능했던 가족들이 아닌가? 그리고 그것이 종국에는 사랑되어 힘이 됐고, 향내를 발하지 않았던가?

나는, 우리 어머니의 깊은 병환, 그 불행 중에도 감사해야만 할 몇 가지 이유들을 한번 정리해 본다.

첫째는, 같은 암이지만 그래도 통증이 상대적으로 덜하다는 간 부위였다는 점이다. 그리고 다른 부위로 전이되지 않고 있다는 점이다.

둘째는, 그래도 근 100일여 오늘까지, 우리는 어머니와 당신의 임종에 대한 예비적 슬픔을 함께 나눌 수 있었다는 점이다. 심장병처럼 갑작스럽게 어려운 일을 당했거나, 뇌졸중이나 치매 등으로 장기간 서로가 고통스러워했더라면 과연 어찌 됐을까 싶다. 나의 인내의 한계를 너무도 잘 알고 계시는 당신께선, 마지막 사명을 이룰 석 달여만 이렇게 앓아 누우시고, 산뜻하게 가시려고 하신 것이다. 산뜻하게.

정말, 정갈한 당신.

셋째로, 어머니의 이 처절한 자기 희생으로, 우리 형제들이 더한 우애를 돈독히 할 수 있었다. 사실 우리 형제들만큼 서로가 서로에게 늘 깊은 관심과 배려를 아끼지 않은 형제들도, 그리 흔하지 않을 것이다. 너무 사랑하고, 너무 아끼다 보니까 그것이 사랑싸움으로 발전하기도 했지만 말이다. 그리고 이렇게, 일심으로 어머니를 위해 온 힘과 정성을 다 바친 우리 형제자매들은, 반드시 하늘의 상급이 있으리라 나는 굳게 믿는다.

그리고 마지막으로, 무엇보다 더 중요한 것. 어머니께서 이 마지막까지 암병동에서조차, 우리에게 깊고, 신실한 신앙인의 삶의 보배로운 모습을 드러내 보여주고 계신다는 사실이다. 그 어디에서, 그 무엇으로도, 그 누구에게서도 배울 수 없는 참 신앙인의 성숙한 마무리를 생생하게 목도한 우리는 진정한 보배를 소유한 자들이리라.

밤이 깊어 갈수록 어머니는 연신, 당신의 두 손을 붙잡아 달라신다. 육신이 자꾸만 가라앉는 느낌이신가 보다. 정신적으로도 혼미하신가 보다. 물을 드릴까요, 여쭈었다. 수박 즙을 내어 두세 스푼 떠드렸다. 잠시 후, 보리차 물을 한 스푼 드셨다. 벌써 60시간 이상을 곡기를 끊고 계신다. 옆구리가 가려우시다고 해서, 알로에베라를 발라드렸다.

욕창 해소를 위해 발을 주물러 드렸다. 요즈음 어머니께 가장 요긴한 선물이 발을 주물러 드리는 것이다. 조카들과 아이들 몫이기도 하다. 조막손도 사람을 위해 있다. 돕지 못한 손길은 없다. 환자용 침대를 상, 하를 적절히 조정해 가장 편안해 하시는 상태로 고정시켜 드렸다. 과연 침대는 과학이다. 아주 유용하다. 기저귀를 차셔서 답답해하신다. 설사 문제를 조정하느라, 독일 누님의 조언대로 듀파락 시럽(락툴로오즈 농축액)을 적절히 사용해 왔다. 그런데, 자꾸만 두 손을 꽉 잡아 달라고 하셔서, 나는 대변보시기가 힘들어서 그러신가 하고는, 드시겠다고 하시자 듀파렉 시럽을 7cc 가량 드시게 했다. 그런데도, 누나와 제수씨를 교대로 찾으면서 붙잡아 달라고 하시자, 나는 상체를 약 30° 정도 세워 드렸던 침대를, 다시 수평으로 바꿔 드렸다. 그랬더니 더 이상 붙잡아 달라고 안 하셨다. 누나가 이렇게 해석을 했다.

단순히 몸이 자꾸만 아래쪽으로 밀려 내려가니까, 불안해서 붙잡아 달라고 하신 것 뿐일 거라고. 나는 그 해석에 동의 했다.

여기서 병상의 혼미한 상태에 계신 어머니의 언행에 대한 해석의 문제가 중요한 화두로 떠올랐다. 꿈의 해석이 아니라, 어머니의 병상의 언어와 몸짓에 대해서 말이다. 우리는 그동안 너무 어머니를 추상적이며, 신앙적인, 고상한 안목으로만 바라보아 왔다. 해서, 병상에서, 들려오는 알 수 없는 당신의 혼잣말이나 요구 등 까지도 그렇게만 고상하게만 받아들이는 경향이 있는 것 같다. 쉽게 생각하면 해답이 코 앞에 있는데도, 어렵게만 생각해 당신의 요구에 정작 답하지 못하는 경우가 이렇게 발생한 것이다.

어머니를 육신(살크스;fresh)으로 대하기. 이런 관점이야 말로, 당신의 육신의 고통과 연약함을 우리가 조금이라도 더 이해하는 첩경이 될 것이다. 진리이신 예수께서 자기 비움을 통해 가장 천한 육신이 되심으로 우리 육신을 지닌 자의 고난과 고통에 동참하셨듯이. 우리도 어머니를 이해하려면 전적으로 이제는 당신을 고고한 영적 존재만이 아닌 부실한 질그릇 같은 육신이신 어머니로 대해야만 한다. 이런 몸에 대한 인식의 전환이 지금 우리에게 요청되는 어머니의 고통 이해 방식이리라.

이런 관점을 갖게 되자 나는 어머니의 혼잣말을 꽤나 잘 이해할 수가 있었다. 정확한 것인지는 알 수 없지만, "그 껍닥 내 버리랑께." 라는 말씀도 나는 문자적으로 받아들일 수 있었다. 이전 같았으면, 껍질이라, 그러니까 그 껍질이란 용어가 담고 있는 참 의미란, 우리의 위선이 아니겠느냐? 라는 식으로 해석 했거나, 나는 집요하게 당신이 말씀하신 그 껍닥이란 것이 무엇을 말하는 것입니까? 한 수 가르쳐 주소서, 라는 식으로 나갔을 것이다. 그러나 이제 나는 달랐다. 어머니께서, 다시 답답하신 듯,

"그 껍닥 내 버리랑께." 라고 말씀 하시자, 옆에 있던 누군가가,

"엄마, 무슨 껍닥?" 이라고 물었다. 그러나 어머니는 그 무슨, 이란 말에는 답하지 않으셨다. 답하실 수도 없는 상태시다. 다시

"그 껍닥 내 버리랑께." 라고 말씀 하신다.

나는 말 대접하는 한 비법을 터득 했다. 절대로 왜? 라는 식의 반문은 의미가 없다. 무슨? 이라는 말도 필요가 없다. 5W 1H가 통하지 않는다. 어머니는 아이니까. 살크스(육신)이시니까. 즉답이 필요하다. 이렇게.

"엄마, 알았어. 내가 다 버려 버렸어."

그제야 잘했다는 듯, 고개를 끄덕 거리셨다.

한 예를 더 들어 보자.

어머니께서 갑자기 손가락 검지를 펴시더니, 천정을 가리키며

"저기 물이 샌다." 라고 하셨다.

"어디가 새요." 라고 누나가 묻는다. 그러자 짜증을 내셨다. 내가 얼른,

"엄마, 내가 다 막아 버렸어. 이제 안 새."라고 즉답을 해드렸

다. 안심 하신 듯 고개를 끄덕이신다.

"진즉 부터 샜었어……."

"그랬어요. 이제 다 막아 버렸어요, 됐죠?"

만족하신 듯 고개를 끄덕이신다. 옆에 있던 조카 미리가 날 쳐다보며,

"큰 아빠, 언제 막았어요." 라고 웃긴다는 듯 물어온다.

"임마, 조용히 해, 할머니가 샌다고 걱정하시니까. 그냥 말로 막아 드린 거야."

그 방은 천정이 샐 리가 없다. 해서, 새지도 않았다. 의당, 막지도 않았다. 단지 어머니께서 샌다면, 새는 거다. 그래서 말로라도 얼른 막아야 한다. 어머니는 젖먹이인 나를 그렇게 키우셨을 거다. 어머니는 니가 어떻게 자랐는지를 재연해 보이시고 계신 것이다. 말이 안 돼도 받아 주기. 그것이 사람을 사람으로 대하고, 성장시키고, 숙성케 하는 화법이었다. 있는 대로 받아 주기. 즉각적인 순종의 언어로 답하기. 어머니 곁을 지키면서 나는 이렇게 말 대접하기 지혜로운 비결을 새삼 발견했다. 어린 조카미리에게 일러 줬다.

"너 말이야, 할머니께서 왜 그러느냐 라고 말씀하시면, 네 할머니 다 됐어요. 다 했어요. 할머니가 맞아요. 무조건 그렇게만 대답해드려, 알았지?"

그렇다. 이상에서 보듯 혼수상태를 오가고 계시는 어머니의 혼잣말은 고상한 철학적, 신학적 언사도 아니다. 대체로 지난 10여 년 동안 당신이 돌봐 온 손녀딸들과 살림살이에 대한 염려다. 그리고 현실 당신이 처한 육체적 고통에 관한 것이다. 고상한 것이 아니라, 저급한(?) 것이다. 일상의 삶에 관한 자연스런 반응이다.

2000년 7월 21일 (금)

뇨기(尿氣)를 느끼신단다. 소변이 마려우시단다. 도뇨관을 끼신 지가 일주일이 가까워 오는데, 아직도 익숙지 않으시단다. 그럴 테지, 단 한 번이라도 시원한 소변을 보고 싶으신 게지?

- 새벽 3시 45분, 웬 물을 그렇게 많이 떠 놨느냐 신다. 입안의 혀가 다 갈라지셨다. 물을 네 모금 드셨다.
- 새벽 6시 20분, 한 스푼의 물을 더 드셨다.

밤이 새도록, 한 숨을 제대로 못 주무신다. 연신 끙끙 앓으셨다. 알아들을 수, 없는 말씀뿐이다.

"아~ ㅎ, 아~ ㅎ, ㅎ"

이제, 언어가 없으니, 방법은 하나 밖에 없다. 원초적 방법. 스킨십이다. 만져주기. 피부 접촉. 만져 주심을 바라고, 예수께 나아갔던 이들의 모습이, 우리 연약한 인간들의 본연의 모습이다. 인간들의 의사소통의 채널 중, 그 첫째가 느낌의 통로다. 영어로 말하면 더 필(feel)이 잘 느껴지는 feeling. 돈이 안 든다. 그러나 제일 어렵다. 정말 어렵다. 돈 주고 의사를 사고, 간호사를 부르고, 간병인을 붙여 드리기는 쉬워도, 당신의 아픈 어깨, 욕창 예방을 위해 다리 한번 주물러 드리기는 결코 쉽지 않다. 아들들은 껍데기다. 독일 누나의 지극한 간병, 그리고 365일 당신의 수족이었고 지금도 그러하신 작은누나의 온 몸으로 감당하기. 그러니 잘 키운 딸 하나 열 아들 부럽지 않다는 말이 있겠지.

어머니의 기저귀를 갈아 드리며 나는 말보다 소중한 접촉의 보배로움을 새삼 느낀다. 기저귀 갈기. 내가 전문가다. 욕창으로 허리 피부가 짓무르고, 복수로 꽉 찬 복부를 움직거려 기저귀를 효과적으로 채워드리고 빼내는데 나는 나름대로의 노하우를 터득했다. 물론 병원에서 간호사들이 하는 것을 눈여겨 봐 뒀지만.

먼저, 어머니를 옆으로 돌아눕게 하고 바짝 침대 한 쪽으로 몸을 기울게 한 후, 반대편 빈 여백에, 한 쪽은 접은 기저귀를 펼친 다음 다시 어머니를 반대로 돌아누우시게 하고는, 확 기저귀를 양쪽으로 펼쳐 마무리 작업에 들어간다. 접착 허리 밴드는 느슨하게, 그러나 흘 내리지 않을 만큼 적절하게 조여 준다. 당신의 얼굴 표정 등 반응을 살펴가면서. 말이 쉽지 결코 식은 죽 먹기는 아니다.

나는 어머니의 기저귀를 갈아 채워 드리면서, 딸 여섯에 막내 아들로 태어났던 친구 경돈이가 더러 생각났다. 서른이 넘도록 장가도, 직업도 없이 집에만 박혀 있던 아들이었지만, 해서 자신이 어머니의 마지막 가시는 길에 수발을 할 수 있었다며 어떤 자부심을 표출했던 모습이 기억나곤 했다. 녀석은 그 후 모친이 선천적으로 주고 가신, 좋은 목청을 개발하여 지금은 빵빵하게 잘 나가고 있다.

밤낮이 바뀌셨나보다. 오전 정오 무렵부터 오후 2시경까지 모처럼 잠이 드셨다.

• 오후 5시20분,

"나 × 쌌어?"

"다 치웠어요."

나는 얼른 대답했다. 사실 어머니는 배변을 하지 않으셨다. 그런데도 정갈하신 어르신이시라, 그런 말이 무의식중에 나온 것 같다. 무슨 똥? 운운하다간 당신의 심기만 상하게 한다. 말 대접하는 비법을 터득한 내가 아닌가?

"언제"
"방금요."
어머니는 금세 수긍하시며, 안도하신다.

작은 누나가 어머니께 여쭈었단다.

"엄마, 엄마는 천국 가면 제일로 보고 싶은 사람이 누구야?"
"예수님!"

서슴없이 대답하셨단다. 나는 놀랬다. 모두들 놀랬다. 왜냐하면 사람들은 대부분, 앞서 간 성도라거나, 아니면 아브라함, 모세, 마리아, 베드로, 바울 등을 말하거나, 연상한다. 나도 그랬다. 나는 베드로 사도가 의당 천국 문 앞에서 기다릴 것이라 생각해 왔다. 쉬울 것 같고, 당연할 것 같아도 예수님을 제일 먼저 찾아뵌다는 것은 쉽지가 않다. 사실 예수, 그분은 우리의 의식 중, 천국에서 우리가 만날 사람, 그 우선순위에서 너무 먼 당신이다. 아니, 너무 당연한 분이기에 우리는 그분을 거론하지 않는다. 태양을 마주 볼 수 없듯, 그분도 그럴지도 모른다는 생각이 우리에겐 있다. 장례 찬송에도 기다리던 성도들과 그 문에서 만날 때, 라는 구절이 가장 우리의 눈물샘을 자극하지 않던가?

그런데, 예수님이라고 답하신 어머니의 대답은 우리에게 신선한 자극과 감동을 불러 일으켰다. 그래 당신은 진실로 오직 예수의 사람이시구나. 내가 선전해 왔던 오직 예수, 는 나의 구호요, 깃발일 뿐이었지만, 어머니 당신의 예수는 실천이요 능력이었던 것이다. 육과 혼과 영이 온통 오직 예수로 물든 순 진짜 참참기름. 살크스(육신) 구석구석까지 온전히 그의 피로 절여진 예수쟁이. 당신은 그 고기 덩어리 조차, 산 제물로 드릴만한 새로운 피조물이심을 우리에게 여실히 보여 주고 계신 것이다. 오, 놀라운 신앙고백이여. 우리는 잠시 숙연해 졌다.

- 오후 6시 30분, 퇴원 후, 처음으로 항 몰핀 좌약을 삽입했다. 오른쪽 허벅지 뼈의 통증이 시작되었기 때문이다.
- 오후 6시30분, 성남 자형, 또 금일봉. 그 깊은 정한(情恨)의 강물이여.
- 오후 8시경, 김순화 전도사님의 전화. 누나의 전언에 의하면. 동생네가 신앙생활을 다시 시작 했다는 말을 듣고, 대성통곡을 하셨단다. 고마우신 분. 어머니를 친 엄마처럼 아끼고, 돌봐 주시는 분. 이번에도 몇 차례나 그 먼 길을 오가시면서, 어머니를 영 · 육간에 성심껏 수발해 오셨다. 그리고 나와 형제들과 교회를 위해서도 눈물의 기도를 아끼지 않아 오셨다. 안다. 나는 당신의 그 통곡의 깊이와 그 눈물의 농도를. 그래, 이 교회를 위하여 눈물로 기도하는 종들의 울부짖음이, 하늘을 움직이고 있나보다.
- 오후 내내 깊은 수면에 빠지셨다. 몰핀의 영향인가 보다. 오늘까지

벌써 나흘째 곡기를 끊고 계신다.

• 오후 10시 30분, 가족회의를 했다. 작은 누나와 동생 내외와 함께. 나는, 몰핀 좌약 투여 방법에 대해 일러 줬다. 밤 11시를 넘겨서 4시간 이상의 간격으로 사용할 것을 당부 했다.

다시,
그분이 불러

당신이 대답할 수 있는 최대한의 목소리였다. 나는 확신이 들었다. 주님과의 교통. "납실아, 이 험한 세상 그만 두고 어서 타라." 시던 그 옛날의 주님이 다시 당신 곁에 서 계신 것이 분명하다고 생각했다. 주님이 부르신다. 반가운 일이지만, 그것은 이제 어머니께서 가실 날이 눈앞으로 다가 왔다는 징조라는 생각도 문득 들었다.

다시,
그분이 불러

2000년 7월 22일 (토)

- 오전 8시, 아내와 함께 어머니한테 왔다. 새벽녘에 물 좀 드신 후, 계속 잠만 주무신단다. 배 즙을 내서 드리게 하고, 알로에베라를 발라 드렸다. 호흡을 재 보았다.
- 오전 10시경, 1분간 호흡수가 10~11회 정도시다.
- 오전 11시30분, 가정 간호사가 다음 주 월요일 11시 30분 오기로 함.
- 오후 2시경, 1분에 호흡수가 8회 정도시다.
- 오후 6시 40분, 어머니 기저귀를 갈아드림. 약간의 배변 자국. 닷새 째 곡기를 끊으심. 아예 안 드시는가? 못 드시는가? 계속 잠만 주무신다. "왜 이렇게 잠만 주무실까?" "기저귀를 갈아 드리니까

시원해서 그렇죠. 애들처럼." 누군가가 그렇게 말하며 웃었다.

- 오후 7시 30분, 예리, 동리, 나리를 데리러 전철역에 다녀 온 사이, 아내의 말에 의하면, "밥 줘, 밥을 줘야지."라고 몇 차례 소리를 치셔서, 미음을 드렸더니 입에 물고만 계셨단다.
- 오후 8시, 찬송, 내 주를 가까이 하게 함은, 찬송이 울려 퍼지는 가운데, 어머니께서,

"주여!"
"주여!"
"주여!" "주여!"를 십 수 번 연속해서 부르셨다.

나는 처음에는 대수롭지 않게 여겼으나, 뭔가 예사롭지 않은 느낌이 들어 어머니께 바짝 다가섰다. 어떤 영감을 느꼈다. 그렇지 않고는 입을 벌릴 힘조차도 거의 없으신 당신이 저렇게 십 수 차례나 주님을 부를 수는 없다고 생각이 되었기 때문이다.

"엄마, 주님이 불러요?"
"그래."

나는 신기해서 재차, 삼차 물었다.

"정말 주님이 불렀어요?"

어머니는 큰 소리로 답하셨다.

"그래!"

당신이 대답할 수 있는 최대한의 목소리였다. 나는 확신이 들었다. 주님과의 교통. "납실아, 이 험한 세상 그만 두고 어서 타라." 시던 그 옛날의 주님이 다시 당신 곁에 서 계신 것이 분명하다고 생각했다. 주님이 부르신다. 반가운 일이지만, 그것은 이제 어머니께서 가실 날이 눈앞으로 다가 왔다는 징조라는 생각도 문득 들었다.

• 밤 9시 50분,

"솥 가져 와!" 어머니의 말씀이다.

"예리야, 솥 가져 와! 어머니 여기 솥 가져 왔어요." 내 즉답이다.

"예리 엄마 불러 와, 밥해라."

"어머니 솥에다 밥을 다했어요. 밥 드시고 싶어요? 미음 드실래요?" 나는 물었다.

나는 급히 미음을 덥혀 가지고 어머니께 들어갔다. 그러나 어머니는 고개를 가로저으셨다. 단지, 당신이 시장하시 다는 것을 그렇게 표현하신 것일까? 어떤 중요한 메타포가 있는 것은 아닐까? 밥, 예수, 밥 솥 사이에. 예수 안에서 서로 함께 밥을 나누어 먹으며 다정하게 살아라. 당신의 유언이신가?

• 밤 10시, 이 밤이 두렵다. 이제 곧 나는 홀로 매우 힘든 결정을 해야만 한다. 어떻게 해야 하나? 가정 간호사도 전혀 연결이 안 되

고 있다. 호스피스 병동에 전화를 넣었는데, 자신들이 뭐라 조언할 말이 없단다. 보호자가 잘 생각해서 결정하란다. 그 말에 나는 더욱 힘들어졌다.

그러니까 항몰핀 좌약을 어머니께 투여하는 문제로 나는 몇 시간 째 번민을 계속하고 있다. 오전 10시경부터 어머니는 짜증도 내시며, 다리가 아프시다고 하셨다. 그러나 어제 항몰핀 좌약을 투여한 후 어머니는, 한 없이 깊은 잠에만 빠져 계셨다. 나는 겁이 덜컥 났었다. 저러다 못 깨어나시면, 어떡하나, 라는 생각이 들 정도로 말이다. 해서, 나는 심히 아프신 듯 힘들어 하시는, 어머니에게 아무런 처치도 못해 드리고 있다. 어쩐지 이번에 좌약을 넣어 드리면 정말 깨어나시기가 힘들어 질 것만 같은 불길한 예감이 들기 때문이다. 그러나 가부간의 결단을 해야 할 시간이 넉넉지가 않다. 밤이 깊어 가면서 어머니의 통증 호소가 더 심각해져 가기 때문이다.

나는 피하고 싶으나, 나 외에는 그 누구도 결행할 수 없는 일이 바로 이 일이다. 당신이 그 무섭고, 몹쓸 병에 걸렸다는 말도 내가 처음 들어야만 했듯이, 나는 어쩌면 당신의 수명을 현저하게 단축시킬 수도 있을 것만 같은 처치를 이 밤에 해야 할 것 같다.

• 밤 11시 00분

나는 밖으로 나왔다. 밤공기가 텁텁했다. 아파트 단지를 빠져나가, 동네를 한 바퀴 배회했다. 'Why me?' 길가의 돌에 발길질 해댔다. 헛발질이다. 모든 것이 부메랑 되어 내게로 돌아오는 듯

하다. 당신을 품위 있게 가시게 하자고 역설했던 나. 능력 대결을 마다하지 않던 나. 병원 출입도 가급적 제한하려 했던 나. 링거 병도 걷어 치웠던 나. 그래, 이젠 내가 다 책임져야 할 상황에 이르게 된 것 같다. 당신 잘났으니까, 당신이 알아서 해봐, 라는 식이다.

“우리는 뭐라 말할 수 없어요. 보호자 분께서 잘 알아서 결정하세요.”

여기저기서 건조한 전화선으로 당당히, 자신들을 이 책임을 분담할 용의가 전혀 없다는 듯 내뱉던 단호하고 냉정한 대꾸가 다시 귓전을 때린다. 도대체 나한테 뭘 알아서 처리하라는 말인가? 내가 아는 게 뭐가 있다고. 저희들이 더 잘 알면서. 그래 아는 것이 문제가 아니겠지. 알아 봤자, 생명이 사람의 능력 밖에 일이라는 것 말고 더 이상 무엇을 알 수 있겠는가?

이런 저런 이야기를 종합해 봤을 때, 아무래도 이번 좌약이 어쩌면 어머니에게 내가 해드릴 마지막 통증 완화 작업일지도 모른다는 생각을 떨쳐 버릴 수 없다. 해서, 나는 다시 맨 처음 정했던 몇 가지 원칙을 떠 올렸다. 통증 완화가 제일 급선무다. 통증 완화. 나는 우선순위를 물론 거기에 둔다. 나는 집으로 발길을 돌렸다. 빙빙, 동네를 돌고 돌다가.

- 밤 11시 30분, 나는 결단하고, 결행했다. 그 핵탄두처럼 파괴력을 지닌 항몰핀 좌약을 어머니께 투여했다. 그리고 기도했다. 나의 허물을 사하소서.

• 밤 11시 40분, 만일을 대비한 준비물들을 챙겼다. 장지의 약도도 재정리해 복사해 두라고 제수씨에게 부탁했다. 이상한 지시다. 이상한 밤이다.

그래선지, 우리 온 가족이 어머니 곁에서 잠을 잤다.

2000년 7월 23일 (주일)

밤새, 죽음처럼 깊은 잠에 빠져드신 어머니를 뒤로하고, 새벽같이 교회로 왔다. 주일이다. 오전 설교를 해야만 했다. 자신의 번뇌와 현실에서 벗어날 수 없는 상황인지라, 나는 성경을 펼치다가 바로 이 말씀이 눈에 들어 왔다.

"그 날에는 내가 아버지 안에 너희가 내 안에 내가 너희 안에 있는 것을 너희가 알리라 (요한복음 14장 20절)."

'너희가 내 안에, 내가 너희 안에.'

문득, 나는 이 구절에서 지금까지 내가 알지 못한 한 관계를 발견했다. 우리가 흔히 말하는, 일방적 관계도 쌍방적 관계도 아니었다. 한 쪽 만으로 모든 것이 흐르는 일방적 관계도, 철저히 주고, 받는 식의 쌍방적 관계도 아니었다.

'너희가 내 안에, 내가 너희 안에.'

나는 이 제3의 관계를 '동심원적 관계' 라고 이름 지었다. 그리고 이 동심원적 관계를 나는 어머니와 나 사이에서 발견했다. 나는 어머니를 간병하면서, 당신의 기저귀를 갈아 드리면서, 체험적으로 취득한 것이다.

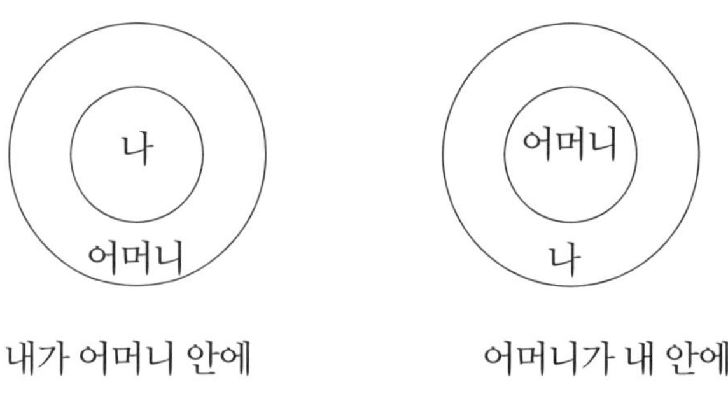

동심원적 관계 – 탄력적 생명의 관계

다시 말하자면, 어머니의 병환이 깊어지면서 나의 손길이 어머니에게 보다 더 많이 요청되어지는 상황을 겪으면서, 구체적으로 어머니의 기저귀를 갈아 채워 드리면서 나는, 어머니가 내 안에 계신다는 사실을 발견한 것이다. 그 동안 내가 당신 안에만 있는 것이라고 생각해 왔었는데 말이다. 이제 내 손안에 계신 당신. 어제 내가 당신 손안에 있었던 것처럼. 그러나 그것이 주고받는 관계도, 그 누가 누구를 위해 일방적 희생을 바치는 순애보적인 일방적 관계도 아님을 깨달았다. 왜냐하면 나는 어머니께서 그동안 내게 베풀어 주신 은혜를 이렇게 보답하고 있다, 라고 전혀 생각해 본 적이 없었기 때문이다. 그것은 유추컨대, 마치 당신이 나를 진자리 마른자리 갈아 뉘시며, 너 이담에 다 갚아야 돼, 라는 생각을 하시지 않으셨을 것이듯 말이다. 단지 어머니는 내 손안에 거하실 만큼 작아지시면서, 그렇게 어머니는 내안에, 나는 어머니 안에 서로 이미 존재하고 있었던 것이다.

언젠가, 내가 당신에 대한 나의 영·육간의 불효를 용서해 달라고 말씀 드리자. "부모 자식 간에 용서가 다 뭐냐?" 라시던 말씀이 떠올랐다. 오른 손이 왼 손 하는 일을 탓하는 것 봤느냐 시듯. 그렇다. 바로 그 말씀 속에 어머니와 나와의 관계, 그 신비가 내포되어 있었던 것이다. 그리고 나는 이 신비로운 관계 속에서 그 동안 한마디만이라도 듣고 팠던 말. "성찬아, 나도 너한테 미안하다." 라는 말을 듣고 있었다. 나는 어머니께서 이렇게 모질게 자신의 몸을 태우시어, 우리는 서로가 그 무엇을 사과할 것도, 용서할 것도 없는 관계임을 설명해 주고 계신 것이라 생각했다.

이것은 탄력적인 생명의 관계였다. 생명을 준 자와 생명을 받은 자의 탄력적 관계. 그렇다. 이제 나는 어머니께 미안한 것이 없다. 당신이 내 앞에서 부끄러움이 없으시듯이. 죄의 부끄러움인 발가벗은 수치가 없는 작은 에덴. 우리는 작은 에덴을 이 땅에서 구가하고 있는 것이다. 이제 얼마 안 있으면, 우리의 죄과를 기억조차 아니 하시는 하늘 우리 아버지의 품에 안기시려는 당신은, 나에게 그 에덴을 향해 가시면서 에덴의 한 신비 이렇게 맛보이고 계신 것이다.

퀴블러 로스는 "자식이 부모님 생전에 효도를 다하지 못하면 부모님이 돌아가신 후 죄의식 때문에 괴로워하고, 반면에 부모님 생전에 효도를 지극히 한 자식은 부모님이 돌아가신 후에도 살아 계실 때와 똑같이 행동을 한다."고 말하고 있다. 아마 어머니는 바로 그러한 죄의식에 심약한 내가 시달릴까봐, 이런 말씀의 확증을 선사하신 것일까? 그래 다시 당신의 음성이 들려온다.

“버려라, 버려 부질없는 죄의식을 버려라. 그것은 주안에 거한다는 이들의 몫이 아니다. 주안에 거하는 자녀들의 올바른 자세가 아니다. 나는 너에게 서운한 것이 한 점 없다. 그리고 너도 나에게 죄스러워 해야 할 것이 또한 없다. 내 안에 있는 생명을 내가 어찌 원망할 수 있단 말이냐? 감사해라. 당당해라.”

이렇게 나는 말씀 안에서, 말씀을 육화하고 계시는 어머니 안에서, 한 진리 깨달아 알았다. 나는 마음이 환해짐을 느꼈다. 설교를 마쳤다. 예수 안에 계신 당신은 이렇게 말씀으로 나와 우리 성도들에게 한 진리를 설파하신 것이다.

> “내가 너희를 고아와 같이 버려두지 아니하고 너희에게로 오리라 조금 있으면 세상은 다시 나를 보지 못할 터이로되 너희는 나를 보리니 이는 내가 살았고 너희도 살겠음이라(요한복음 14:18-19).”

• 오후 3시 20분,

예배 후 어머니께 오다. 깊은 잠에 빠져 계신다. 벌써 몇 시간째인가? 집에 있던 분들이 억지로 한 스푼의 물을 떠 넣어 드렸단다. 큰일 났다, 싶었다. 무지한 행위다. 이제는 한 모금의 물도, 받아 드시거나, 넘기시지 못하신다. 온종일 더 잠이 깊어지고 있다. 맥박도 사라진듯하다. 1분당 7~8회 호흡을 하신다. 아무래도 예감이 좋지가 않다. 모두들 염려로 서성거리기만 하고 있다. 어머니 침대 곁에서 그런 상태를 계속 지켜보던, 나는 북받쳐 오르는 설움을 억제할 수 없었다.

"어머니, 가지 마세요. 이렇게 우릴 두고 가시면 우리는 어떡해요. 가지 마세요, 가지마."

나는 다소 오버했다. 이 비탄은 당신을 위한 것이라기보다 다분히 내 아픈 현실을 그 누구에겐가 호소하고 있는 것이었다. 하필이면, 내가 이렇게 힘들 때, 당신은 가셔야만 하느냐는 당신에 대한 분노이기도 한 것 같았다. 당신은 지금 듣고 계실 것이다. 생생하게. 그러나 대답이 없다. 대답해야 할 의무가 이제는 더 이상 없기 때문이다. 신생아에게 아무런 의무가 부여되지 않는 것처럼. 해서, 지금 당신은 다시 신생아의 긴, 단잠에 취해 계신다. 나는 비탄을 멈췄다. 더 이상 그래서는 안 될 것이라 생각했기 때문이다. 당신을 고이 보내드려야만 한다. 찬송 속에.

• 오후 5시 30분 경 부터, 갑자기 어머니의 호흡이 발동선 모터처럼 빨라지기 시작했다. 횟수를 체크해 봤다. 1분당 17~18회나 됐다. 가슴으로 숨쉬기도 아니다. 목으로만 헐떡이시며, 숨을 몰아 내쉬고 들이키기를 반복하고 계신다. 가래가 끓는 소리가 그렁그렁 거린다.

모두들 모이게 했다. 온 가족이 어머니 침상을 둘러쌌다. 찬송을 불렀다. 찬송 82장(나의 기쁨 나의 소망 되신 주)을 거듭,

거듭해서 부르고 또 불렀다. 생명되신 주께로 돌아가시는 당신을 우리는 찬송 중에 돌려보내고 있었다. 여기저기서 울음이 터져 나오기 시작했다. 반면 당신의 표정은 갈수록 평안해져만 갔다. 이젠 육체적 고통도 당신을 붙잡아 둘 수 없는 듯해 보였다. 나의 진정 사모하는 예수여, 음성 조차도 반갑고 나의 생명과 나의 참 소망은 오직 주 예수뿐일세. 어머니는 진정 사모하는 예수께 한 걸음, 한 걸음 다가가시는 듯 했다.

• 오후, 6시 50분. 2000년 7월 23일 주일 18시 50분.

당신은 가셨다.

사르르 숨이 잦아 드셨다.

안식(安息), 젖먹이가 곤한 깊은 잠에 빠져들듯, 그렇게 평안하게 가셨다.

어머니!

엄마아!

손녀딸들, 예리와 미리가 특히 엉엉 울었다.

할머니이!

할머니!

어쩌면 그렇게 정갈하신 분이신가? 당신은 우리에게 한치의 부담도 끼치지 아니하고프셨던가 보다. 우리의 기도 제목을, 그 깊은 영감으로 이미 다 감지하고 계셨던가 보다. 우리의 기도대로 평안히, 온 가족이 지켜보는 가운데, 주일 오후에 가셨다. 한 치의 오차도 없이.

병원에 연락들 해 봤다. 몇몇 군데 알아 봤는데 종국엔 영동 세브란스로 모시게 됐다. 미리 염두에 두었던, 집에서도 가까운 큰 병원에는 자리가 없었기 때문이다. 어머니는 끝내 자신의 장례식장까지 이렇게 기술적으로 미리 정해 놓으신 것이다. 영적 헤렘(herem),

'얘들아 악은 모양이라도 버려야 돼!'

우리는 어머니가 시간차 공격으로 예정 가운데 정해 놓으신, 기독 병원으로 결정했다. 말은 서로 없었지만 과연 우리 어머니는 어머니답다, 라고들 생각했다. '원칙적으로 술, 담배는 안 된다' 는 그 병원 영안실. 아무도 못 말리실 '예수쟁이.'

• 오후, 8시 임종 기도를 드리고, 영동세브란스 응급실로 어머니를 모셨다. 129 응급차 안에서 나는 회오리바람처럼, 황급히 울고 가는 사이렌 소리를 들으며, 우리에게도 이런 장면이 결코 비껴가지 않는다는 사실을 다시 한 번 확인 했다. 홀연히, 돌개바람이 휙 일었다. 영안실 제 2실. 당신은 우리와 영결 연습에 들어 가시고, 우리는 마지막으로 바빠졌다.

2000년 7월 24일 (월)

독일 누나가 서울로 출발 했단다. 서울 도착 시간 오후 3시 50분. 우리는 누님을 배려해, 입관식을 오후 7시에 하기로 했다. 입관예배는 오후 7시 30분. 내일, 발인예배는 오전 5시, 무안 장지에서의 하관 예배는 오후 1시경에 하기로 하다.

• 입관식

어머니의 모습이 너무도 단정하고 깨끗하시다. 절제된 언어가 힘이 있듯, 우리는 깊은 슬픔을 절제된 동작으로만 표현들 했다. 그 고우신 당신의 마지막 모습을 영원히 가슴마다에 간직하면서. 눈물도 별로 없었다. 곱게곱게 단장하고 꽃가마에 오르는, 알콩달콩 설레이는 새색시만을, 우리는 눈으로 확인했을 뿐이다.

'어머니 잘 가세요. 신랑 되신 예수님 품에 참된 안식을 누리세요.

어머니 고와요. 이뻐요. 멋져요, 멋져.'

이어서, 입관 예배를 드렸다. 찬송 소리가 드높았다.

♬주님 다시 뵈올 날이 날로 날로 다가와
무거운 짐 주께 맡겨 벗을 날도 멀잖네
나를 위해 예비하신 고향 집에 돌아가

아버지의 품안에서 영원토록 살리라 ♬

♬이 세상에 곤고한 일이 많고 참 쉬는 날 없었구나
내 주 예수 날 사랑하시오니 곧 평안히 쉬리로다
주 예수의 구원의 은혜로다 참 기쁘고 즐겁구나
그 은혜를 영원히 누리겠네 곧 평안히 쉬리로다 ♬

서울에서 치르는 단 하루의 문상. 당신은 한 시라도 바삐 고향 땅으로 내려가시고 싶으신가 보다. 이렇게 단 시간 머문 타관. 그래 어머니는 자신의 장례 예식까지도 손수 주관하고 계신다. 그리고 자식들에게 단 하루라도 더 짐이 되지 않으시려는 듯. 어머니는 이리도 산뜻하게 자신을 정리하고 계신 것이다.

문상객들이 밀려들었다. 평생 다시는 얼굴을 대하지 않을 것 같던 이들도, 연줄연줄 이어졌다. 더불어 산다는 것, 상부상조의 의미가 새삼 소중함을 느꼈다. 평소 어머니께서 늘 하시던 말씀, 사거리에 서서 네 발 장대를 휘둘러도 거칠 것이 없는 사람이 되야 한다, 라는 말씀이 문득 생각 키워졌다. 모나지 않는 삶. 그러나 나는 이렇게 반박하곤 했었다. 못난 돌은 정도 못 맞는데요, 라고. 과연 그것이 나에게 득이 되는 가 따져 물으며, 어떤 입장 표명을 미루거나 회피하면서, 세상의 흐름에 따라 모나지 않고 안전하게 살아가려는 현대인의 심리를, 에리히 프롬은 '자유로부터의 도피' 라고 했다던가? 그런데 나는 이런 현대인의 심리와는 무관하게 살아 왔다. 주로 무엇이 옳으냐, 라는 관점에서 튀는 삶을. 그런데 오늘 어머니는 이렇게 덧붙이시는 것 같다. 그러나 거기에 더해 그것이 진정 관용인가, 라고도 물어 보라고.

그들 중, 친동생이나 다름없는 오변호사가 '가족이 따로 없네요' 라고 나에게 말을 걸어왔다. 그래, 어느 시인의 표현대로, 가족이란 돌아오는 사람들이다. 황지우의 시(時) 뼈아픈 후회, 그 한 구절처럼. 돌아 온 그들 가운데 적지 않은 이들이, 나에게 어딘가 몇 군데는 부서진 채, 떠났던 사람들이었다. 그래도 그들은 돌아왔다. 내 앞에 머리를 조아려 깊은 조문을 표했다. 아니, 우리는 서로 서로 무언의 용서를 구했다. 그래 우리는 영적 한 가족이었다. 어머니는, 역시 호주(戶主)셨다.

어머니만 홀로 누워 계신 듯, 빈소 앞 꽤 넓은 로비에는 삼삼오오 짝을 지은 우리 조문객들만이 한마당 가득, 회포를 풀고 있었다. 그렇게 서로 서로 호상(好喪)이라며 자축하는 화기애애한 분위기는 스스로 무르익어 갔다.

어머니는 생전에 각별한 애정을 표하셨던, 한 여전도사님의 조문을 받으며, 나는 아들 압살롬에게 예루살렘 성을 통째로 내어주며, 맨발로 절며, 절며 쫓기듯 성문 밖을 빠져나갔던 다윗의 통곡이, 내 안에서 메아리쳤다. 그 어느 한 때, 그 다윗이 나라고 생각했었다. 그런데 정작 이 순간, 그 다윗이 바로 어머니 당신이었다고 생각되어졌다. 아비, 다윗을 모진 광야로 내몬 아들 압살롬. 가슴이 저려 왔다.

깊은 밤, 내일을 위해 눈을 붙입시다. 누군가가 허공에 대고 소리쳤다.

내일, 내일은 그래서 좋은가 보다.

2000년 7월 25일 (화)

오전 5시 30분, 발인 예배를 드린 후, 6시경에 영구차 행렬이 남으로, 남으로 이어졌다. 한 치의 차질도 없었다. 우리가 그렇게나 매정히 어머니와 단절하려고 작심이나 한 듯.

내려가는 도상에서, 나는 하관 예배 순서를 짰다. 그럴 수밖에 없었던 것은, 내가 예상했던 것보다, 더 많은 순서와 맡을 이들이 예비 되어 있었기 때문이다. 사회는 형님 같은 윤의광 목사님. 윤목사님께서는 장례 기간 내내 예배와 절차를 담당해 주셨고, 이렇게 먼 길까지 동행하여 하관식까지 집례해 주시기로 하신 것이다. 설교자는 어머니의 마지막 사역지, 유달제일교회

엄마, 천국가서 젤 만나고 싶은 사람 누구야? 예수님....

의 담임 목사셨던 지금은 군산에서 목회하시는 양태윤 목사님. 기도는 어머니께서 명예전도사로 추대 되신 교회, 상락교회 김운태 목사님. 축도는 장지, 북교동교회 김정 목사님. 그리고 내가 이날을 위해 준비해 두었던, 추모사는 친척 형인 전선호 목사님께 부탁을 드렸다. 그리고 양윤정 권사님을 위시한 유달제일교회 권사회에서 조가를 부르겠다는 연락도 송순오 전도사님을 통해 전달 받았다. 연락이 없어 너무 애가 타셨단다. 고마우신 분들. 잊지 않고 기억해 주는 깊은 관심. 기억해 내어 구체적인 애정을 표시해 주는 속 깊은 배려. 실로 감사했다.

영구차 행렬은, 예정된 코스를 따라 예정된 시간에 도착했다. 한 여름 햇볕은 제법 따가웠으나, 혹서(酷暑)는 아니었다. 청명한 날씨였다. 동산에는 수많은 조문객들이 미리들 와 있었다. 그 동산은 흰 배꽃으로 치장 한 듯 눈부시게 환했다. 근 200여명의 성도들과 친척들이 이 한 여름에 모여든 것이다. 그것도 교회학교 시즌이라 제일로 분주한 시기에. 당신이 그 교회들을 떠난 지 멀리는 거의 30여년도, 또 어떤 교회는 20여년도 그리고 가장 최근이라고 해 봐야 10년도 더 넘은 교회의 성도들이 이렇게 이 산속으로 모여 든 것이다. 모두들 그리운 얼굴들이었다. 백발이 성성한 다정한 얼굴들.

압해도 이모님이, 석관에 모시려고 임시로 사용한 목관을 털어내자 드러난 세마포로 칭칭 감은 어머님의 시신을 향해, 비틀거리시며 다가와, 손을 내미셨다.

"나 한번만 만져 보게, 한번만."

"납실어……, 이렇게 왔냐, 그리도 오고 싶어 하던 고향엘 이렇게."

몸을 제대로 가누지 못하시는 이모님을 곁에 섰던 사람들이 붙잡으며, 만류한다. 멈칫 했던 시신이 다시 석관 사이로 조심스럽게 내려진다. 다시 이모님께서 몸부림치시며 쓰러질 듯 다가오시며,

"나, 한번만 더 만져 보게 해줘. 한번만 더."

"납실어, 납실어, 잘가그라이, 잘가."

하관예배가 시작 됐다.

마지막 투병 중에 어머님이 즐겨 부르셨던 찬송 82장과 376장은 빼놓지 않았다.

설교가 시작되었다. 본문은, 열왕기상서 2장 1-4절이었다.

"다윗이 죽을 날이 임박하매 그 아들 솔로몬에게 명하여 가로되, 내가 이제 세상 모든 사람의 가는 길로 가게 되었노니 너는 힘써 대장부가 되고, 네 하나님 여호와의 명을 지켜 그 길로 행하여 그 법률과 계명과 율례와 증거를 모세의 율법에 기록된 대로 지키라 그리하면 네가 무릇 무엇을 하든지 어디로 가든지 형통할지라, 여호와께서 내 일에 대하여 말씀하시기를 만일 네 자손이 그 길을 삼가 마음을 다하고 성품을 다하여 진실히 내 앞에서 행하면 이스라엘 왕위에 오를 사람이 네게서 끊어지지 아니하리라 하신 말씀을 확실히 이루게 하시리라."

"나는 고(故) 전납실 전도사님과 사역의 처음과 마지막을 함께 했던 사람입니다."

처음 듣는 이야기였다. 솔깃했다.

"그러니까, 내가 목사로서 고인의 마지막 사역의 동역자였음은, 여러분도 잘 알고 계시는 바와 같습니다. 그러나 내가 우리 고 전(全) 전도사님의 첫 목회 사역을 지켜 본 산증인인 것을 아시는 분은 많지 않을 것입니다."

아, 저분을 설교자로 너무도 잘 세웠다. 아니, 하나님께서 산증인을 증거자로 세우셨구나, 라고 나는 속으로 생각했다.

"제가 중학교 학생이던 시절에 고인과 한 교회를 다녔습니다. 우리 전(全) 전도사님은 그 때 남편을 잃고 어린 자녀들과 힘겹게 살고 계셨습니다. 우리 전(全) 전도사님은, 참 미인(美人)이셨습니다. 오늘 사회자가 고인이 즐겨 부르시던 찬송이, 나의 기쁨 나의 소망되신 예수, 라고 하셨는데, 그 시절에는 우리들의 싸울 것은 군대 아니요 우리들의 싸울 것은 육체 아니요 마귀 권세 힘써 싸워 깨쳐 버리고, 라는 찬송이셨습니다. 그 찬송을 부르시면서 그 어려움을 이겨 내셨습니다. 그리고 모범적인, 앞장 선 신앙의 사람이었습니다. 그래서 교회 성도들이 만장일치로 추대하여 전도사님으로 모시게 된 것입니다."

갑자기 내 눈에서 눈물이 울컥 솟구쳐 올랐다. 주체할 수가 없었다. 왜냐하면 당신이 전도부인이 되신 것이, 자원도 아니요 억지도 아닌, 모든 성도들로 부터 추대되어진 사역자였다는 증언 때문이었다. 그랬구나, 그랬어. 달라, 질이 달라. 당신은 나하고는.

나는 사실 지난 수 년 동안, 바로 저런 문제 때문에 시달려 왔었다. 나는 내가 목사가 된 것은, 하늘의 부르심이라기보다는 거의 전적으로 내가 자원한 결과라고 생각했었기 때문이다. 그래서 리처드 박스터의 참된 목자, 라는 책에, 그대 사역자로 자원했는가? 그렇다면 더 열심히 일하라, 는 글귀를 읽으면서, 나는 무릎을 쳤었다.

"그래 바로 이거야, 이거."

그런데, 그게 아니었다. 한 때 매우 신선하게 느껴졌던 그 말이, 부르심과는 무관한, 일방적인 나의 짝사랑 같은 행위라고 느껴지는 순간, 나는 그만 그 사명의 끈을 놓쳐 버리고 만 것이다. 정녕 하늘이 나를 불러 세운 것이 아니라면, 그렇다면. 나는 끝간 데 없는 소명에 대한 회의에 빠져들었던 것이다.

그런데 어머니는 적어도 성도들에 의해 추대된 영예스런 사역 자셨던 것이다. 신앙 공동체의 만장일치의 추대. 그것이야 말로 소명, 그 부르심의 대표적인 실증이 아니고 그 무엇이랴? 부러웠다. 누구는 추대 받고 싶어 안달하며 사는데. 알아 달라고 감투에 감투를, 학위에 학위를 더하려 혈안인데. 그러고서도 안 알아주면 악담을 퍼부으면서 사는데. 차원이 달라 차원이. 회환의 눈물이, 부끄러운 눈물이, 부러운 눈물이, 자랑스런 눈물이 뒤범벅되어 갔다. 나중에 나리가 말했다. 아빠가 우는 것 첨 봤어. 그래, 그 때. 어찌 울지 않을 수 있었겠는가? 어찌 감히 그 눈물을 들이 삼킬 수가 있었겠는가?

"고인이 전도사님으로 추대되던 날 회중 속에 앉아 있던 나는, '내가 제일 먼저 전도사님!' 하고 불러 드려야지라고 맘먹고 앉아 있다가, 예배가 끝나자마자 제일 먼저 당신께 달려가 '전도사님'하고 불러 드렸습니다. 그 때, 그 겸연쩍어하시며, 부끄러워 얼굴에 홍조를 띠시던 전도사님의 모습이 아직도 눈에 선합니다. 당신은 기도의 종이었고, 성령 충만한 능력의 종이셨습니다. 한번은 그 무렵 어느 여름, 내가 배탈이 나뒹굴었는데, 전도사님께서 내 탈난 배에 손을 얹고, 그 시원하고도, 확신에 찬 방언 기도를 해 주시자 깨끗하게 배탈이 나은 적도 있었습니다.

그 후 나는 다시 전(全) 전도사님을 만났습니다. 한 교회에서 목사와 전도사로. 고인께서는 유달제일교회 개척 시 기도의 주춧돌이 되시어, 유달제일교회가 목포에서 제일로 큰 교회로 성장하는데 일익을 담당하셨습니다. 당신이 아들 목회를 도울 겸, 또 연로하셔서 교회를 사임하시던 날, 교회 앞에서 행하신 고별사 한 대목이 지금도 기억이 생생합니다. 이런 말씀이셨지요. 당신은 자신이 시무했던 교회마다 부흥했었다고, 해서 이 유달제일교회도 반드시 더 크게 부흥할 것을 확신한다고. 나는 강단에서 그 말씀을 들으면서, 저 분이 바로 저런 무서운 확신을 지니고 계셨구나. 그래서 그처럼 사역의 길에서 크게 승리하셨구나, 라고 생각했습니다. 그 때 나는 큰 감명을 받았습니다."

부디, 대장부 되어.....

설교자, 양목사님은 아까부터, 아니 설교 첫머리부터 나만 바라보시며 말씀하고 계셨다. 그리고 이 부분에 와서는 더욱 그랬다. 나는 이 예배가 어머니의 영결예배가 아니라 나를 위해 예비한, 나에게 어떤 확신을 주려고 예비하신 성령의 치밀한 각본처럼 여겨졌다. 정작 이 모든 각본은 내손으로 짰는데도 말이다. 나는 깜짝 놀라 고개를 들지 않을 수 없었다. 갑자기 설교자 양목사님께서 내 이름을 호명했기 때문이다.

"김성찬 목사, 그러므로 힘써 대장부 되어……."

대장부 되어, 대장부! 순간 설교자의 부리부리한 호안이 빛을

길은 여기에....

발했다. 여기, 진정 죽어 누운 자가 누구냐? 라고 묻고 있었다. 그래 나는 지난 세월, 그 크신 아버지의 무한한 사죄의 은총을 스스로 폄하하며, 소명도 사명도 거부한 채, 자책과 자기 비하에 젖어 죽은 자로 살아오지 않았던가? 산정(山頂)을 향하여 올라가는 알피니스트가 돌부리에 걸려 넘어졌다고 등정을 포기하는 어처구니없는 모습. 이것이 영적 소인배적 삶이 아니었을까?

나는, 이렇게 저 땅에 묻힌 어머니의 애절한 육성을 듣는다. 산자가 죽은 자를 듣는 신비를 맛보고 있는 것이다. 저가 내 말을 기억나게 하시리라. 당신이 가시며 보내신 다른 보혜사 성령은 나에게 말씀으로 임했다.

김성찬 목사, 그 은혜 안에서 당당하라.
당당하라. 그 은혜 안에서.

"김성찬 목사, 그러므로 대장부 되어 기도와 말씀과 성령의 능력과 형제 우애의 사람이 되시오 저 죽어 가는 생명들을 저 그 사망의 골짜기에서 건져 내고, 작은 자를 사랑하는 예수의 심장이 되시오. 어머니의 확신을 당신 것 삼으시오." 라고 말씀 하셨다.

나는 흐르는 눈물을 손등으로 훔치며, 그 하늘의 소리를, 호주머니를 뒤적여 끄집어 낸, 명함 쪽지에 한 자, 두 자 메모해 내려갔다.

"너는 내 사랑하는 아들이라 내가 너를 기뻐하노라."

아, 이제야 나는 길을 발견했다. 내가 나아가야 할 길. 모든 것이 구원의 길 되어 버렸으나, 그 어느 것도 진정한 구원의 길이 아닌 절망 가운데 헤매던 나는, 이 산정 묘지에서, 그 목표를 발견한 것이다. 먼 길을 돌고 돌아 그리도 찾던 큰 바위의 얼굴이, 바로 당신이었음을 이제 나는 발견한 것이다. 내가 우리 어머니만큼만 승리할 수 있다면. 그래, 나는 사역자로서의 길을 가는데 있어, 그 구체적인 이정표를 저기 누워 계신 어머니 안에서 발견한 것이다. 당신 같이만 '산뜻하게' 살아 갈 수 있다면, '산뜻하게' 마무리할 수만 있다면, 나도 반드시 이 사명의 길에서 승리할 것이라는 확신이 가슴 가득 차 들어왔다.

어머니만큼만 살자. 아니 나도 그만큼 살 수 있을 것이다. 왜냐하면 그분과 나는, 동심원이 아닌가? 내가 그분 안에, 그분이 내 안에 거하시기 때문에. 당신이 예수 안에, 예수님이 당신 안에 거하셔서 당신이 승리했던 것처럼. 그래서 나도 반드시 승리할 것이다. 나도 당신이 누린 은혜와 축복을 누리게 될 것이다. 나도 믿음의 공동체에게 대를 이어 자녀 손들에게, 이 은혜와 축복을 이어 주는 길 안내자가 될 수 있으니라, 확신한다. 홀연히 나는 날아오르기 시작했다.

이어, 유달제일교회 권사회의 저 요단강 건너편 찬란한, 조가가 울려 났다.

연이어, 추모사가 낭독되었다. 선택되어진 숙명을 박차고, 당당히 역경을 극복해 오신 이 땅의 여인. 그러나 하늘의 선택에는 온전한 순명을 바쳤던 사명자. 그 사랑과 눈물, 신앙 안에서의 분투와 승리를, 우리는 노래했다.

예배후, 모든 이들은 진한 영적 감동에 휩싸여 있었다. 사회를 보신 윤목사님께서,

"내가 목회자들이나 성도들의 여러 장례식을 참석해 봤지만, 실로 보기 드문 감동적인 영결예배였어. 한마디로 은혜와 축복이 무엇인가를 보여 준 삶이었고, 아름다운 마무리였어." 라고 말씀하셨다.

"참 은혜가 됐어요."라고들 이구동성으로 성도들은 예배의

감격을 나누고 있었다.

슬프디 슬픈 이 장례식 마당까지, 감동과 새 희망을 선사한 훌륭하신 어른. 그 한량없는 은혜의 바다. 나는 찬송했다. 그 사랑의 물결이 영원토록 내 영혼을 덮으소서.

산정묘지의 식탁 또한 풍성했다. 오병이어의 역사처럼. 광수 형 내외, 태주 형 내외. 헌 옷처럼 편안한 그들. 빛도, 소리도 없이 자신들의 온 몸과 정성을 다해 이렇게 가시는 어머니의 마지막을 헌신적으로 돌보고 계신다. 태주 형은 며칠 전부터 이 산을 오르내리며, 일꾼들을 접대도 하고, 길도 닦고 무던히 애를 쓰셨단다. 티도 나지 않는 일을 자진해서. 한 치의 오차도, 한 점 허물도 없는 당신의 마지막 길. 오직 감사밖에 없다.

2000년 7월 26일(수)

쪽빛 바다가 눈부신 아침이다. 南風이 밀어낸 호텔 영창을 넘어, 그 바다에 내가 잠긴다. 침몰한 母性의 바다에. 더 이상 병들 육신이 없는.

“어머니
日出의 바다는 또한
日沒의 바다임을 기억하고 싶습니다
님이 오실 그 바다에서
당신을 만나겠지요“
(이혜인 님의 詩 편지, 중 한 대목).

분주히 오가는 뱃머리에 와삭 부서진 파도가, 찰싹 내 얼굴을 적신다. 부산한 아침이 시작되었나 보다. 왁자지껄. 그 바다는 나를 토해 냈다. 니느웨 어느 한 해변가에.

오전나절, 우리는 다시 어머니를 찾았다. 동산 위에 올라서서, 조건희 목사님이 예배를 인도하셨다.

"우리 어머니는 말씀만이 아니라, 생활자체가 그러신 분이셨습니다."

평신도 시절 어머니의 사랑을 받았다고, 건희 형은 우리 엄마를, 어머니라 부른다. 우린 형제다.

"자녀들 뒷바라지하시느라, 늘 빚 가운데 어렵게 사시면서도, 심방 가시면서 빈손으로 가시는 법이 없으셨습니다. 심지어 부유한 집에 가실 때도 여전히 마찬가지셨습니다. 옆에서 지켜 본."

그렇다. 건희 형은 어쩌면 나보다 더 어머니를 세심히 지켜본 분이실 게다. 그러니까 이 사역지로 다시 돌아오신 육순이 넘으신 어머니께서, 홀로 계실 적에, 시시때때로 어머니를 눈동자와 같이 돌봐 드렸던 분이시다. 그래서 자식들이 알지 못하는 어머니의 애환을, 그분은 익히 알고 계신다.

"내가 옆에서 지켜 본 바로는, 아무리 힘들어도 힘들다는 말씀을 해 본 적이 없는 분이셨습니다. 그리고 물론, 어머니 사전에는 절망이란 단어도 없었습니다. 말씀처럼, 항상 기뻐하셨고, 쉬지 않고 기도 하셨으며, 범사에 감사해 하신, 말씀대로 사신 우리 모두의 모범이 되신 참 신앙인이셨습니다.

제 개인적으로는, 신앙적 돌봄 말고도 몸으로 우리 세 아이를 받아 주시고, 피 빨래도 해 주신 고마우신 어른이십니다. 나는 어머님의 그 남을 섬기는 마음을 본받아, 나도 나보다 연약한 이들을 위해 이 한 몸 바쳐 살려고 합니다. 그래서 나의 그런 마음을 아셨던지 어제 하관 예배 시 이 미약한 사람에게 예배를 집례하시는 목사님들의 양산을 받쳐 드리는 작은 봉사를 할 수 있는 기회를 주신, 어머님께 감사 드렸습니다.

돈 남겨 싸움만 하게 하는 부모가 아니라, 신앙 남겨 축복을 이어가게 하시는 어머님의 큰 은혜를 기억하여, 그 유지 받들어 복음 사역에 힘쓰고, 형제간에 더욱 화목하기에 힘쓰는 자녀들이 되길 기원합니다."

예배 후, 우리는 그 동산을 둘러 봤다. 같은 공동묘지인데도 여기는 일반 공원 묘지와는 전혀 다른 마치 특구 같았다. 사랑방 같은 분위기가 물씬 풍겨 났다. 사면이 확 트인 광활한 지형적 배경도 한 몫 했겠지만, 이곳에 누워 계신 이들이 모두들 살갑게만 느껴지는 따사로운 이들이었기 때문이다. 마음이 따사로운 이가 있는 곳은, 모골을 송연케 하는 공동묘지마저도 아늑한 고향집인 양, 우리의 마음을 설레이게 하고, 안도케 하는가 보다.

나는 여러 이름들을 속으로 불러 봤다. 전화엽, 전옥례 이모님. 우리가 납실납실 납실이, 북실북실 북실이 라고 놀려대며, 배꼽을 부여잡고 웃던, 우리 어머니 자매 분들의 별난 이름자. 그런데 그 북실이 이모님의 호적상의 이름이 화, 엽, 화엽이시란다. 괜찮다. 북실이 보다는 천배나, 만 배나. 세상에 북실이가 뭐고, 납실이가 뭐냐? 아무리 딸들이라고 이름을 그렇게 아무렇게나 지어 주다니. 그러니까, 딸들을 아무한테나 대충, 그저 양반네 뿌리라고만 하면 사람도 안보고, 그냥 내 줘 버렸지. 거저 내 줘 버린거야. 그 어르신들 참.

그리고 전이온 권사님. 그 정갈하신 양반. 그 분이야말로 나와 많은 부분, 공동의 기억을 함께 소유하고 있다. 아니 고인은 나보다도 오히려 더 많은 나에 대한 기억들을 간직하고 계실 것이다. 왜냐하면, 비록 일가친척은 아니셨지만 그분은 우리 어머님과 내 유년 시절부터, 그 깊은 정한의 우물물을 함께 길어 올리셨던 분이시기 때문이다. 그러고 나는 집도, 돈도, 아버지도 없었으나, 사심도 모략도 없는 당신네들의 순결하고, 순수한 심령이 자아내는 원초적 감격과 감동 속에 건강하게 자라 날 수 있었기 때문이다.

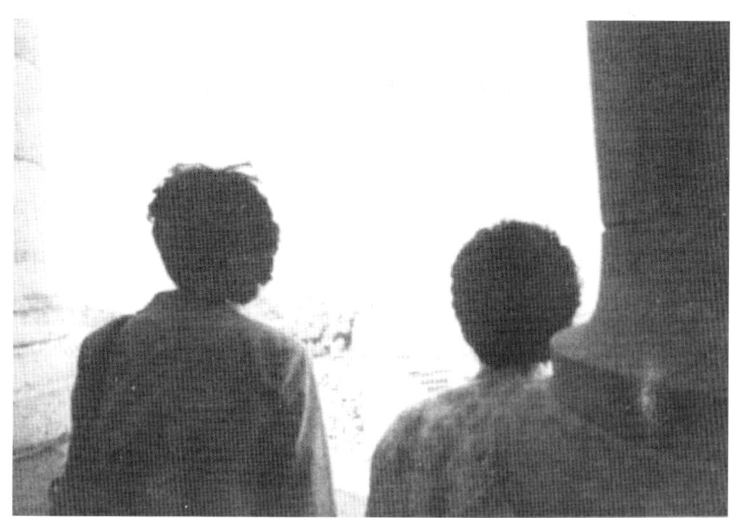

당신네들의 시선이 머무는 곳, 에펠탑일까? 생명의 첨탑일까?

독일 누나가 이렇게 말했다.

"장차, 나도 여기 어머니 곁에 묻히고 싶어."

어린 당신에게 가난과 상처 그리고 무거운 짐만 지어준 땅. 그래도 오늘 고진감래, 일정한 생의 성공을 이룬 당신이, 무엇이 아쉬워 다시 이곳으로 돌아오시겠다는 건지? 안다, 나는 안다. 우리 모두는 안다. 당신의 모천회귀 염원은, 엄마 내음이 그리워서 일게다. 여기 죽어 누워 있는 이들에게서만이 풍겨나는 내음들. 퀴퀴한 땀 내음, 메케한 냉갈 내음, 끈적끈적한 정(情) 내음, 풋풋한 사람 내음 그리고 우리 엄마의 달콤한 젖 내음이 한평생 사무치게 그리웠을 것임을. 어머니가 묻히시는 곳에 나도 묻혀. 신앙고백이 따로 있겠는가? 당신과 영원토록 살고지고, 란 고백

보다 더한.

어떤 기운을 느껴, 순간 고개를 뒤로 돌려보니, 옥선이 누나가 화들짝 웃음을 지어 보이고 있다.

"고맙다. 고마워."

고맙단다.

"너희들이 나를 이렇게 인정하고, 받아 주니……."

또 눈물이다. 눈물로 말하는 여인.

"섭섭하드라. 큰 어머니 돌아 가셨을 때, 그 비석에다 자기들 이름만 쏙 올렸었잖니. 허긴, 조카 이름은 안올리는 것이라고는 하더라만. 그래도 섭섭했어야. 근데 이렇게……."

우리 아버지의 큰 딸. 우리 큰누나는 오촌 당숙모의 비석에 자기 이름을 안 넣어 줘서 섭섭하더라는 말을 늘 해 왔다. 피난을 그 당숙모와 함께 내려와 한 곳에서 친 딸과 어머니처럼 함께 사셨단다. 한 평생을 동고동락 해 오신 유일한 피붙이였던 것이다. 그런데 정작 그분의 비석에 자기 이름이 없어 섭섭했다는 말이다. 물론, 출가한 조카의 이름을 거기 넣는 법이 없다는, 그런 관례를 몰라서가 아니실 것이다. 소속감이 늘 결여된 삶을 살아 오셨기 때문일 것이다. 우리는 당연히 어머니의 비석에 누나와 매부의 이름을 제일 첫머리에 넣었다. 그런데, 누나는 그걸 사실로 확인하고 나자, 자신의 외로움이 말끔히 가신 듯한 모양이었다.

순간 나는 어머니를 떠 올렸다. 아버지의 업보를 대신 지고 가시는 어머니를. 당신은 그것만으로도 충분히, 우리에게 당신의 남편을 자신이 충분히 예우하고 있음을, 우리에게 공개적으로 드러내 보이신 것이다. 아버지를 용서하고, 그분의 허물까지도 자신이 대신 지심으로 말이다. 어제도 하관 예배 시, 어머니의 일생을 한눈으로 꿰뚫고 있는 이들의 입에서, 홀로 4남매를 키우시느라 겪으신 모진 고통에 대해 말씀들을 하시지 않았던가? 더구나 설교자 목사님께서는 힘주어서 4남매를 이렇게 잘 키우신 당신의 노고를 치하해 마지않지 않았던가? 그런데, 저들에게 당신의 비석 이면에 올라 있는 낯선 이름자는 과연 누구인가? 라는 의구심이 일었을 것이다. 혹자는 이렇게도 오해했을 것이다. 아마도, 이분은 그 어디서 정말 큰딸을 낳았을 것이라고. 아니, 어쩌면 성씨가 다른 더 큰 아들이 있었던 모양이라고. 여전도사들의 인생 경력이란 것이 다 그렇게 그런 것이 아니더냐, 라고 수군거리며 그들은 의혹을 안고 산을 내려갔을 것이다.

그럴 줄 알면서도, 우리는 공모했다. 내가 제일 적극적으로 앞장섰다. 말없는 죽은 자를 희생양으로 만들자. 그래야 우리가 화평을 누릴 것이 아니냐? 오해에 더한 오해는 언제나 당신의 몫이지 않았더냐? 그래도 어머니는 자신을 한마디도 변호하시지 않으셨다. 그러니 당신이 다시 살아 자신의 결백을 주장하실 수도 없겠지만, 설령 깨어나신다고 해도 절대로 이 일을 문제 삼지 않으실 거다. 한 평생 그렇게 살아오셨듯이. 해서, 우리는 당신의 비석에 당신의 아픈 이름자들을 새겨 넣었다.

내가 다 품었다는 것을, 내 한 몸에 다 지고 간다는 것을, 돌비에 각인하신 어머니. 세상 죄를 지고 가신 어린 양처럼…….

그리고 어느 한 날

그렇다. 어머니는 천국으로 개선가를 부르시며 입성하신 것이다. 수정 같이 투명한 심령을 소유한, 어린아이의 꿈을 통해서, 당신이 당당한 천국 시민임을 보여주신 것이다. 완벽한 뒷마무리. 해서, 놀랍고 아름다운 이 생생한 꿈은 자자손손 우리 아이들에게, 영원히 기억되어 질 것이다. 때문에, 우리 아이들은 소망하며 살 것이다. 나도 우리 할머니가 계신 천국엘 반드시 가야겠다는 소망을, 그 값진 소망을.

그리고 어느 한 날

모든 것 다 여기다 부려 버리고 내려가거라. 성찬아. 모든 것, 그 모든 것을…….

나는 하산했다. 어머니를 뒤로하고, 아니 이제 무소부재(無所不在)하신 어머니의 인도하심을 따라, 나는 막장 같은 세상, 막장의 막장 같은 성채를 향해 다시 조심스런 발길을 내딛었다.

나리의 말이다. 동생네 큰 아이 미리하고 같이 잠을 자는데, 미리가 자다가 훌쩍, 훌쩍 울더란다. 한 살 터울의 사이좋은 자매다. 이유인즉슨, 미리가 자다가 꿈을 꿨단다. 할머니 꿈을.

"언니, 할머니하고 나하고 같이 공중에 떠 있었어. 하늘로 둥둥 떠다녔는데. 그 공중에 할머니 침대가 놓여 있었어. 나는 한

손으로는 침대 다리를 붙들고 있었는데, 갑자기 바람이 휙 분거야. 그러자 그 바람결에 할머니가 날려 가시려고 했어. 그러자, 할머니가 나한테 손을 꼭 잡아 달라셔서, 다른 한 손으로 할머니 손을 꼭 잡아드린 거야. 할머니는 미리야, 나 좀 더 꼭 붙잡아 주라, 고 말씀하셨어. 나는 안간힘을 다해 할머니 손을 붙잡았지. 근데 내 팔에 차츰 힘이 빠지면서, 나는 그만 할머니를 놓쳐 버리고 말았어. 흑, 흑"

"그래서?"

대전 이모 집에 가 있느라고, 할머니의 임종도, 입관식도 보지 못해, 늘 그 사실을 애달파하던 나리가 물었다.

"내 손을 놓친 할머니는 바람에 휙 날려, 몸이 둥실 떠오르시더니 어디론가 빨려들어 가시기 시작했어. 근데."

"그래서? 어서 말해 봐."

"근데, 할머니가 빨려 가신 쪽을 쳐다봤더니, 글쎄 두 개의 문 같은 것이 있는 거야. 왼쪽 문은 지옥문 같았고, 오른쪽 문은 천국 문 같았어. 그런데 한참 가운데로 빨려 가시다가, 할머니가 오른쪽 천국 문으로 확 빨려들어 가신 거야. 오른쪽 문으로."

"천국 문으로?"

"그래, 그래."

그렇다. 어머니는 천국으로 개선가를 부르시며 입성하신 것이다. 수정같이 투명한 심령을 소유한, 어린아이의 꿈을 통해서, 당신이 당당한 천국 시민임을 보여주신 것이다. 완벽한 뒷마무리. 해서, 놀랍고 아름다운 이 생생한 꿈은 자자손손 우리 아이들에게, 영원히 기억되어 질 것이다. 때문에, 우리 아이들은 소망하며 살 것이다. 나도 우리 할머니가 계신 천국엘 반드시 가야겠다는 소망을, 그 값진 소망을.

Thank you MOM.

| 추모사 |

어머니

모든 사람들은 가도, 어머니께서만은 가시지 않으시리라 우리는 믿고 있었습니다. 해서, 어머니, 우리는 지금도 믿어지지가 않습니다. 이런 슬픈 별리가 결코 당신과 우리의 몫일 수는 없을 것이라고. 우리는 굳게 믿어 왔기 때문입니다. 그런데 이렇게 홀연히 당신은 우리 곁을 떠나시고 말았습니다. 인간이란 그 누구나 예외 없이 죽음에 붙여진 존재임을 우리에게 극명하게 보여주시고 말입니다.

사람은 가도 세월은 남는 것이라서, 우리는 그 세월의 강가에 서서, 어머니 당신을 추모하고자 합니다. 애달프고 설은 사람들이, 당신을 사랑하는 이들이 여기 이 산정묘지에 올라, 당신의 하루가 천년 같던 아니, 그 천년이 하루 같은 생을 함께 이야기

해보고자 합니다. 태양이 작열하는 이 한 낮, 시원한 한 줄기 바람 소리로 우리 가운데 임하시어, 당신의 승리하신 삶의 그 경이로운 비결을 들려주소서.

우리 어머니, 고(故) 전납실 전도사님을 기리며

인간이란 본디, 그 어떤 것도, 그 무엇도 스스로 선택할 수 없는, 숙명적 존재가 아닌가 생각됩니다. 이를테면, 우리에게 주어진 하늘과 땅, 민족과 역사 그리고 사람과 신앙처럼 말입니다. 이 척박한 땅에 속한 여인, 어머니 당신께서도 선택되어진 숙명적인 삶의 굴레에서, 결코 자유롭지 못하셨음을 우리는 익히 잘 알고 있습니다.

삼일 독립운동의 열망이, 일순(一瞬) 밤하늘의 불꽃놀이 패처럼 쉬 사그라져 버려, 민족독립의 소망이 절망으로 변해가던 암울한 시기. 1922년 음력 9월 19일. 그 절망이 만성화 되어가던 조선 땅, 전라남도 신안군 암태면 도창리에서 신 새벽, 묵시론적 비전을 지닌 복음의 한 씨알로 당신은, 부친 전종남 님과 모친 김복례 님 사이, 2남 2녀의 막내로 태어나셨습니다.

다복한 유년을 보내신 당신은, 이후, 방년(芳年) 19세의 나이로 부친이 짝지어 준 평안도 영변고을 김용원 님과 결혼하여, 함경도 땅 흥남에서 신혼생활을 시작하셨습니다. 그러나 당신의 이 작은 행복은, 그리 오래가지 못하셨습니다. 외세에 의한 민족의 해방은, 이내 제국주의자들의 노략질에 그 빛을 잃고 말았기 때문입니다. 북한 전역을 휩쓴 천인공노할 로스께의 만행은, 한 순간에 당신의 보금자리를 악마 소굴로 만들어 버리고 말았던 것입니다.

그러나 영원한 자유인이기를 갈망했던 당신은 1947년, 그 어느 겨울 밤 탈주를 감행했습니다. 칠흑 속 거친 파도를 타고 넘는 강인한 생명력으로 그 동해안을 타고 넘으시며, 당신은 주어진 운명에 단호히 맞서셨던 것입니다.

그러나 세상사 시련은 시련을 낳는 가 봅니다. 남녘땅에 안주할 틈도 없이, 1950년 동족상잔의 6.25 동란이 발발했습니다. 그리고 그 비극적 전쟁은, 당신이 하늘같이 섬기며 존경해 마지 않던 두 분의 오빠들을 하루아침에 앗아 가버렸습니다.

그러나 그뿐만이 아니라, 고토 회복을 갈망하시던 당신의 남편은, 분단의 아픔을 온통 자신의 것인 양, 한 몸 가득 끌어안으시고 앓아누우시다가 귀거래사, 그 통한의 시대, 오십 년대를 채 넘기지 못하시고는, 오매불망 그리시던 고향 땅 영변의 약산으로 홀로, 훌쩍 떠나 버리시고 말았던 것입니다. 코흘리개 사남매를 남겨 놓는 채, 당신 나이 겨우 서른 일곱 되시던 해, 그 시린 겨울밤에 말입니다.

그러나 결코 당신은 주어진 운명에 굴복하지 않으셨습니다. 그 누구를 원망도, 감내키 어려운 시련에 좌절도 하지 않으셨습니다. 뒤돌아 볼 틈도 없이, 당신은 생존을 위한 거친 투쟁에 몰입하셨습니다. 온 우주의 질량보다 더한 어린 남매들의 보호자로서, 그 책무를 감당코자, 그 여린 머리에 한 짐 이고지고, 이 섬마을 저 섬 마을, 역경 극복의 다리를 놓아 가셨던 것입니다.

그렇습니다. 당신은 이렇듯 정녕 위대한 우리의 어머니이시자, 이 땅의 진정한 모성의 표본이셨습니다. 운명아 비켜라, 내가 간다. 이 과감한 선언은, 선택되어진 숙명을 단호히 거부하신, 당신의 힘찬 역류이자, 끈질긴 생명력이셨습니다.

그러나 선택된 자는 결코 그 선택을 거부 할 수가 없나 봅니다. 앞선 세상사 모진 운명의 굴복 강요는 당신이 단호히 거부하거나, 극복하셨으나, 이 하늘 우리 아버지의 선택하심만은 거부도, 거역도 하시지 않으셨습니다. 아니, 오히려 그 택해 주신 은혜에 감읍하여, 당신은 목숨 다해 주께 순명하는 사명자의 길을 힘차게 걸어 나오셨습니다. 그 대천 한 바다 같은 예배당 마루를 쓸고, 닦으며, '주안에 있는 나에게 딴 근심 있으랴 십자가 밑에 나아가 내 짐을 풀었네, 내 주는 자비하셔서 늘 함께 계시고 내 궁핍함을 아시고 늘 채워 주시네 주님을 찬송하면서 할렐루야 할렐루야 내 앞길 멀고 험해도 나 주님만 따라가리.'

예수가 함께 계시니 시험이 와도 겁 없네...

멀고도 먼 험한 길을 돌고 돌아온 기구한 여인이, 다시 자원하는 마음으로 '내 앞길 멀고 험해도, 좋으니 나 주님만 따라가리,' 라고 고백했을 때, 체계적인 좌절을 통해 영적 성숙으로 이끄시는 하늘 아버지께서는, 납실아 너는 이제 합격이다. 내가 니 이름자의 뜻이 말하고 있는 바대로, 온전 전, 들일 납, 열매 실-온전한 열매를 거둬들이는 나의 종으로 삼겠다, 라고 응답해 주셨던 것입니다. 그리고 감사하게도 하늘 아버지께 선택되어진 은혜, 그 사명의 길은 결코 멀고 험한 길이 아니었습니다. 정녕 갈수록 넓어지는, 평탄하고, 형통한 길이었습니다.

문준경 전도사

유년 시절, 당신은 순교자, 복음의 씨암탉 고(故) 문준경 전도사님에게서 복음을 받아들이셨습니다. 월남 후에는, 평신도로서 목포 중앙교회를 개척하는 성업에 동참했습니다. 당시 성령 운동을 주도하셨던, 고(故) 이성봉 목사님께 성령 세례를 받으셨고, 기도대장 고 최요한 목사님과 성도들의 추대로 전도 부인의 사역을 시작하셨습니다. 그후 고(故) 배응모 목사님과 사역하셨던 복음 교회를 거쳐, 모교단인 북교동 성결교회 전도사로 부임해 가셨습니다.

그곳에서 청렴하신 목회자 홍순균 목사님, 불의 사자 고(故) 이근경 목사님, 친화력과 리더십이 뛰어나셨던 고(故) 임현수 목사님 등을 모시고, 십여 년의 사역을 하신 후, 상락교회에서 정

이성봉 목사

년을 맞아 명예전도사로 은퇴하시기 까지, 승리의 사역을 이어 가셨던 것입니다. 그 기간 동안 기독교 대한 성결교회 전남 지방회 여전도회 회장을 두 차례 역임하셨고, 그 재임 기간 중에 좀두리 쌀 운동도 시작하셨습니다. 그후 모아진 기금이 전남 지방회 평신도 회관이자 전남신학교인 성전을 세우는데, 그 일익을 담당케 했다고들 말합니다.

교회법에 의해, 당신은 육십 세에 이르러 정년 은퇴를 하셨지만, 하나님께서는 당신을 더 필요로 하셨습니다. 정년 은퇴 후, 어머니는 다시 교회로 초청 받아 가시게 된 것입니다. 선친의 유지를 받들어 교회 설립의 사명을 실현코자 하신 홍순기 장로 내외분께, 다시 사역 초청을 받으신 것입니다. 해서, 그간 섬겼던 교단과 교회의 양해 하에, 당신은 다시 개척교회 '기도의 어머니'로 새 사역을 출발하신 것입니다. 육순을 넘기신 나이에 말입니다.

바로 여기에 당신이 진정 승리한 사역자임을 교회는 증거 해 주고 있습니다. 신학교를 졸업한 분도 아닌 당신이, 전도사의 사역을 시작할 수 있었던 것도, 그리고 이렇게 은퇴 후 다시 새 사역에 요청되어지신 것 등이 말입니다. 자원한 교회는 없었고, 모두 다 먼저 청빙을 받아 사역을 하셨다는 사실은, 한 평생 당신의 사역이 하나님을 기쁘시게 하고, 성도들에게는 덕을 끼친 좋은 소문 때문이었다고들 합니다.

전도사님, 우리 전도사님

오늘 이 산에 오른, 당신이 섬긴 각 교회 성도들이 그 사실의 증거자들입니다. 그 후 당신은 육십 대 후반까지 최선 다해 개척 사역을 담당하셨습니다. 그리고 하나님의 선하신 인도하심으로, 당신이 몸담았던 유달제일교회는, 오늘 목포에서 제일 큰 교회가 되어 있습니다. 어머니. 이런 일들이 당신이 세상에서 맛보신 신앙의 기적이셨습니다. 그래서 오늘 우리에게도 큰 귀감이 되는 은혜와 축복 말입니다.

지금도 당신을 아는 성도들은 말합니다. 고(故) 전납실 전도사. 그 덕스러운 양반. 가난한 자의 벗, 병든 자의 치료자, 상처받은 영혼의 진정한 위로자. 그 자애로운 미소와 따사로운 온정을 정녕 잊을 수 없다고 말합니다. 다시 한 번 만이라도 그 폭포수와 같이 쏟아져 나오는 시원한 기도를 받아 보고 싶다고들 말합니다. 어찌 학문으로 배워서 가능한 것이겠습니까? 그 심령 골수를 쪼개는 시원한 기도가 말입니다. 어떻게 꾸며서 베풀 수 있겠습니까? 또한 그 넉넉한 덕행이 말입니다. 당신을 기억하는 성도들은, 심중에서 우러르는 진정한 고백을 이렇게 오늘도 우리에게 쏟아 놓습니다. 마른 땅을 적시는 단비 되어 흘러 흘러, 광야 같은 세상을, 사막 같은 영혼을 옥토 되게 하신 당신. 이것이 말씀이 육신 되신 예수 그리스도의 성육신을, 당신의 신앙의 삶에서 구현하신 작은 예수의 육화셨습니다.

그리고 우리 자녀들은 기억합니다. 당신의 마지막 선언,

"테텔레스타이-다 이루었다." 라는 말씀을 말입니다.

우리 모두, 당신의 오직 예수 그 불굴의 신앙의 역사 앞에 백기를 들고, 너도 나도 서로서로, 어머니의 믿음의 발자취를 따라가겠노라고, 참회와 결단의 고백 드리자, 가쁜 숨을 내쉬며 하신 말씀.

"이제는 죽어도 여한이 없다. 천하를 얻은 것보다 더 기쁘다." 시며 몸을 놓으시던 당신의 모습을 말입니다.

그 장면은 마치 믿음의 완성을 이루신 예수 그리스도의 골고다 선언과도 같았다고 저희는 생각했습니다. 그 몹쓸 병마에 무

섭게 그 육체가 시달리면서도, 내가 너희 안에 있는 신앙 고백으로 말미암아 기쁨을 이기지 못하겠노라 시듯, "웬 몸이 이렇게 가볍냐. 참 편안하다." 시던 당신은 최후까지 오직 예수의 사람이셨고, 누구에게나 믿음을 불러일으키신 능력 있는 전도자셨습니다. 믿음은 결코 강요되어 질 수는 없다. 그러나 때때로 불러일으킬 수 있을 뿐이다, 라는 심히도 어려운 믿음의 전파 방정식을 당신은 그렇게 최후의 한순간까지 당신의 온 몸으로 구현하고 가셨습니다.

처절한 역사 앞에서는 강철처럼 강인하셨으나 사람들, 그 성도들과 이웃들에게는 한없이 자애로우셨던 분. 그리고 우리 자녀들에게는 온몸 내어주신 참된 모성의 표상이셨던 자랑스런 우리 엄마. 또한 주님의 교회엔, 낙타 무릎 되도록 지사 충성 하셨고, 하늘 우리 아버지께는 온전한 순명으로 한평생을 사셨던 고(故) 전납실 전도사님.

나의 어머니,
우리 어머니,
우리 모두의 어머니.

당신은 하늘의 문이셨고, 그리스도 예수 안에 있는 승리를 이 땅에서도 맛본 참 승리자셨습니다. 아! 어머니! 어머니 같으신 이를, 우리는 그 어디에서 다시 찾을 수 있겠습니까? 다시 만날 수가 있겠습니까? 한없이 아쉽고, 분한, 당신과의 안타까운 별리. 어머니! 가지 마세요. 정녕 가지 마세요. 일어나세요. 어서 살아 일어나세요. 이 반편 같은 자식들을 위하신다면. 어머니…….

어떤 이들은, 자녀란, 부모가 가졌던 인생의 한계를 고스란히 물려받을 뿐만 아니라, 그 약점까지도 자기 것으로 사랑하게 된다고들 말하지만, 우리는 선택되어진 여인으로서의 당신이 지니셨던 삶에 대한 진지한 태도며, 그 강인한 실천적 삶의 의지가 도리어 우리의 한계요, 당신이 우리에게 남기신 무거운 과업이 되고 말았습니다.

한 가정을 건실하게 꾸려 나가야 하며, 왜곡된 역사를 순리대로 바꿔야만 하고, 주님의 교회에는 소망의 인내로 지사 충성해야만 하고, 하늘 우리 아버지께는 그 절대 주권에 온전히 부복해야만 하는, 이 거역할 수 없는 당신의 유산이 말입니다. 어머니. 유약한 우리에게는 이 과업이 심히도 막중하오니, 부디 그곳, 하늘의 하늘에서 우리를 도우시고 보살펴 주시옵소서.

당신의 향년 일흔 아홉, 적어도 삼년 여는 더 사실 것이라 당신은 생각하셨고, 우리는 십년 아니 영원토록 우리 곁에 계셔 주시리라 생각하고 소망했지만, 생명은 사람의 힘 밖의 일이라서 그 희망은 이렇게 한낱 한 여름 밤의 꿈이 되고 말았나 봅니다.

그러나 우리가 어머님과의 이 영결의 순간에도 위로받는 한 가지는, 이런 것입니다. 그것은 당신의 체세포의 마지막 분신, 평리가 제 발로 유치원 다닐 만큼 성장했다는 것입니다. 그 아이의 발걸음 마다마다에 당신의 발길이 함께 함을 우리는 느낍니

당신의 체세포의 마지막 분신, 평리가

다. 그 숨결에서 당신의 깊은 호흡을 맛봅니다. 어디 그 뿐입니까? 어머니의 자녀 손 우리 모두가 당신의 분신이요, 생생한 승리의 열매들입니다.

어머니, 당신은 가셨으나 이렇게 아주 가지는 않으셨습니다. 아니 우리는 어머니를 보내지 않았습니다. 그리고 어머니께서는 이후에도 항상 우리 곁에 계셔서 우리의 일거수일투족을 간섭하시리라, 굳게 믿고 있습니다.

우리는 어머니께 감히 약속드리고 싶습니다. 어머니를 거울

삼아, 어머니처럼 승리한 신앙의 삶, 값진 인생의 삶을, 나와 우리 자녀들, 그리고 당신의 손자 동리를 비롯한 손 자녀들은, 힘써 밟아 가겠습니다. 해서, 우리 모두도 어머니처럼 모든 사람들이 저들이야말로, 하나님의 은혜와 축복이 무엇인지를 우리들에게 보여 주고 있다는 말을 듣도록 하기 위해, 주안에서 힘써 살아가려고 합니다. 도우소서. 그리고 이제, 우리 하늘 아버지의 품안에서, 참된 안식과 평강을 누리시옵소서.

마지막으로, 우리는 굳게 믿습니다.

몸이 다시 사는 것과,
몸이 다시 사는 것과,
몸이 다시 사는 것과, 영원히 사는 것을 믿사옵나이다.
아-멘.

어머니야말로 나의 교회입니다

- 어머니의 마지막 백일을 기록한 아들의 참회록 -

소설가 **이승우**

이 책은 삶에 대한 성찰에 민감한 한 사색가의 사모곡思母曲이다. 어머니에 대한 어쩔 수 없는 죄책감이 나오지만 그러나 탄식은 아니다. 질곡의 역사를 건너온 한 사연 많은 여인의 희생과 헌신의 삶이 그려져 있지만 그러나 흔한 회고록은 더더욱 아니다. 목사인 아들은 어머니의 마지막 백일을 함께 하며 이 글을 썼다.

절절함이 배어 나오지 않을 수 없다. 죽음을 앞둔 자신의 어머니에 대해 말하고 있지 않은가. 어머니 앞에서 떳떳한 아들이 어디 있겠는가. 그럼에도 불구하고 최루적 감정에 대책없이 빠져들지 않고 삶과 죽음에 대한 깊은 각성을 이끌어내는 것은 삶과 세계에 대한 지은이의 남다른 사색 때문이다. 죽음을 앞둔 어머니를 간호하면서 써내려간 이 기록이 절망과 회한이 아니라 역설적으로 삶에 대한 의욕과 희망을 불러일으키는 것은 그 때문이다. 이 책은 호소하고 교훈한다. 감동하게 하고 또 깨닫게 한다. 이 호소와 교훈은 경험에서 나온 것이므로 진실하다.

모든 사라진 어머니들은 자식들을 울게 한다. 병들어 누워 있거나 세상을 버린 어머니 앞에서 죄인 아닌 아들이나 딸이 있을까. 그런 어머니 앞에서 당당할 아들, 떳떳할 딸이 있을까. 묻어두었던 기억들이 판관이 되고 심문관이 되어 우리를 다그치고, 그 앞에서 우리는 저항할 수 없다. 불효자 아닌 아들 딸이 있을까. 불효자임을 고백하지 않는 효자가 있을까. 모든 효자는 불효자인 법. 적어도 각성의 차원에서는 그러한 법. 이 책의 저자인 김성찬도 예외일 수 없다. 병상에 누운 어머니의 마지막 백일을 기록한 이 책이 아들의 참회록이 될 수밖에 없는 사유다.

그러나 지은이는 목사. 목사는 삶 이후의 세계에 대한 전망을 제시하는 자이고, 그럼으로써 삶과 죽음의 경계를 무너뜨리는 자이다. 삶과 죽음의 경계에 근접했을 때 사유가 빛나고 영혼이 청명하다. 그는 죽음을 통해 삶을 본다. 그러나 그가 보는 생은 저 생이 아니라 이 생이다. 다른 세상에서의 새로운 삶의 전개가 아니라 이 세상에서의 삶의 유지에 각별한 의지를 내보인다. 그 의지는 호스피스에 대한 남다른 관심의 촉발로 나타난다. 여기가 이 책의 가장 빛나는 대목이며, 이 책이 이런 종류의 다른 책들과 구별되는 대목이라고 생각한다. 호소하고, 호소할뿐만 아니라 교훈한다는 문장은 그런 의미를 담고 있다.

이 책의 감동은 두 갈래의 길을 타고 우리에게 온다. 하나는 아들이 회고하는 어머니의 남다르게 너그럽고 올곧고 헌신적인 삶이고, 다른 하나는 그런 어머니를 회고하는 아들의 기억이다.

일견 사소하게 보이는 일상들 속에서 나름의 빛과 음을 구별

해내어 감동의 무늬를 만들어내는 지은이의 남다른 감수성은 주목할 만하다. 가령 생에 처음으로 이젠 좀 쉬고 싶다, 고 말하는 노모의 음성에서 강철 같던 모성의 침몰 사실을 직감하고 액셀러레이터를 확 밟는 장면이나 주일마다 어머니가 오갔던 전철을 똑같이 세 개의 노선을 바꿔 타며 걸어보고 비아 돌로로사Via Dolorosa:슬픔의 길, 십자가의 길 라고 고백하는 대목에서 독자는 가슴이 저리는 감동의 파고를 피할 수 없다. 어머니 몫을 남기지 않고 먹어치웠던 찐빵에 대한 회고는 목이 메인다. 어머니 역시 우리처럼 배고픔과 아픔을 아는 똑같은 인간이라는 사실을 깨닫지만, 이미 어머니는 이 땅에 없다.

역설적이지만 어쩌면 지은이는 행복한 아들인지 모른다. 이 한 권의 호소와 교훈이 그 어머니의 삶에서 나온 것이 아닌가. 어머니야말로 나의 교회입니다, 하고 목사인 지은이는 고백한다. 이런 놀라운 고백을, 더구나 목사로부터 이끌어 낼 수 있는 어머니가 예사 어머니겠는가. 책의 감동은 그런 어머니, 교회라고 고백할 수 있는 어머니, 그런 고백을 들어 부끄럽지 않은 위대한 모성의 어머니를 가진 아들이 나는 부럽다.

이 책은 가족을 생각하게 하고, 좋은 죽음을 사색하게 하고, 그리하여 아름다운 삶을 결단하게 한다. 삶을 잘 마감하기 위해서 잘 살아야 한다는 것. 나는 한 권의 책이 우리에게 줄 수 있는 것으로 이것보다 중요한 다른 그 무엇이 있다고 생각하지 않는다.

소설가 이승우

〈생의 이면〉으로 제1회 대산문학상, 동인문학상 등을 수상했다. 국내보다는 해외에서 더 많이 알려진 작가로, 노벨 문학상 수상자인 르 클레지오가 한국 작가 중에서 노벨 문학상 수상 가능성이 높은 작가로 언급한 소설가이다. 조선대학교 문예창작과 교수로 있으며 〈생의 이면〉 〈식물들의 사생활〉 〈지상의 노래〉 등 다수의 책이 있다.

평리도 그랬단다

당신을 꽝 꽝 땅에 묻고 돌아온 후
우리들이 자기네들 일 바쁜 척하며
까맣게 당신을 잊어버린 듯 살아가던 어느 한 날
뜬금 없이
할머니를 대신해 저를 돌봐주는 고모에게
고모 고모 있잖아 있어
평리가 그랬단다
나도, 이담에 커서 할머니 되면, 이름을
전 납 실
이라고 하까?

전하고 전해 들으며 웃다가 울다가
땅에 내린 비도 아주 땅으로 스며들어 버리지 아니하고
하늘로 올라올라 단비 되어 다시 내리듯
심는 대로 반드시 다시 거두는 섬뜩한 이 삶의 법칙을
나도 할머니처럼 살다 갈거야 라는
순수 다섯 살바기 옹근 다짐에서 확인한다.
두 눈으로 이렇게나 빨리